ALEJANDRO MAGNO

SU LIDERAZGO

ALEJANDRO MAGNO

SU LIDERAZGO

LECCIONES DE LIDERAZGO DURADERAS DEL HOMBRE QUE CREÓ UN IMPERIO

Lance B. Kurke, Ph. D.

GRUPO NELSON
Una división de Thomas Nelson Publishers
Desde 1798

NASHVILLE   DALLAS   MÉXICO DF.   RÍO DE JANEIRO

Editora General: *Graciela Lelli*
Traducción y adaptación del diseño al español: *Ediciones Noufront /
www.produccioneditorial.com*

ISBN: 978-1-60255-552-5

Impreso en Estados Unidos de América
11 12 13 14 15 QG 9 8 7 6 5 4 3 2 1

CONTENIDO

Introducción   ix

Prefacio   xi

Agradecimientos   xv

Mapa del imperio de Alejandro   xvii

Currículum vítae de Alejandro Magno   xix

Introducción: Los cuatro procesos de liderazgo   1

CAPÍTULO 1
Primer proceso de liderazgo: Reformular problemas   3

  1. Derrotar una armada en tierra   5
  2. La batalla del río Hidaspes   11
  3. Reprimir la revuelta de Tebas   19
  4. Posesiones   23
  5. Fundación de ciudades   25
  6. Motín   27
  7. Confianza y lealtad   29
  8. Cómo conquistar una fortaleza inexpugnable   33
  9. La logística está infravalorada   37
  10. Paso del río Hidaspes   41
  11. Ignorar los consejos conservadores   45
  Ideas concluyentes sobre la reformulación de problemas   49

CAPÍTULO 2
Segundo proceso de liderazgo: Crear alianzas   51

  12. Repercusiones de la batalla del río Hidaspes   53
  13. Prisioneros reales   55
  14. Matrimonio y liderazgo en un mundo multicultural   57

15. Batalla de Gaugamela   63

Ideas concluyentes sobre la creación de alianzas   67

CAPÍTULO 3
Tercer proceso de liderazgo: Establecer la identidad   69

16. Sucesión   71

17. Matar a tu amigo de la infancia   73

18. Héroes   77

19. La vida y la muerte   79

20. Veneración por los predecesores   81

21. Transporte   83

22. ¿Adulación u obediencia?   85

23. Falta de visión   87

24. Carta de Alejandro a Darío   89

25. La muerte de Darío   93

Ideas concluyentes sobre el establecimiento de la identidad   95

CAPÍTULO 4
Cuarto proceso de liderazgo: Proyectar símbolos   99

26. Destrucción total 101

27. Enfermedad en Tarso 105

28. Reinado del terror 107

29. Liderar desde el frente 109

30. Cortar el nudo gordiano 111

31. Batalla de Gránico 115

32. Dormir antes de la batalla de Issos 119

33. Abluciones, celebraciones y otros comportamientos apropiados . . . 121

34. Cruzar el desierto de Gedrosia 123

Ideas concluyentes sobre la proyección de símbolos 127

CAPÍTULO 5
Ideas concluyentes sobre liderazgo 129

CAPÍTULO 6
Ideas concluyentes sobre Alejandro 135

Apéndice: Una breve cronología de la vida de Alejandro . . 141

Bibliografía 143

Otras lecturas 147

Notas 149

Índice 151

INTRODUCCIÓN

¿Alejandro Magno como modelo de liderazgo para el mundo moderno? El doctor Lance Kurke resucita las hazañas heroicas de este extraordinario líder y extrae de ellas lecciones claras y concisas para aquellos que aspiran a ser los líderes eficaces de hoy.

Los líderes que son verdaderamente grandiosos cambian el mundo que les rodea. Infunden a sus seguidores una identidad unida y un propósito claro. Tratan los problemas difíciles como oportunidades abordables. Tanto si se trata de una figura histórica como de la organización de la empresa moderna, el proceso de liderazgo origina un significado prolongado, una interpretación común y una acción conjunta dentro de la organización. Es lo que el doctor Kurke define como el proceso de promulgación. En sus manos, la promulgación deriva de cuatro procesos de liderazgo: reformulación de problemas, creación de alianzas, establecimiento de identidad y proyección de símbolos. Juntos, estos cuatro procesos dan lugar a nuevas realidades. Influyen en la elección de prioridades y de socios y favorecen la unidad a través de un entendimiento compartido de la importancia de las acciones escogidas.

Alejandro Magno su liderazgo es un libro extremadamente ameno que premia al lector con lecciones que le harán pensar y que son aplicables a los problemas empresariales actuales. Está escrito para el ocupado líder ejecutivo, directivo o militar, por tratarse de un *collage* de historias breves e independientes que se pueden saborear en pequeñas porciones de valioso tiempo libre. Todas las historias están interrelacionadas, y el doctor Kurke las enlaza en un ordenado ramillete que, visto en su totalidad, representa un proceso completo y coherente hacia el liderazgo.

En la conclusión de este libro, el doctor Kurke sugiere que todos deberíamos tener héroes y leer sobre ellos, así como aprender a narrar historias. El doctor Kurke tiene su propio héroe en Alejandro Magno y es, sin lugar a dudas, un fantástico narrador.

Steven F. Goldstone
Antiguo presidente y director general de RJR Nabisco

PREFACIO

El liderazgo no se puede enseñar, pero se puede aprender, y este libro te ayudará a aprender acerca del liderazgo.

Todos somos estudiantes de liderazgo, aunque algunos somos mucho más conscientes de nuestras exploraciones. Puesto que ayudo a la gente a aprender sobre liderazgo (habiendo trabajado con cientos de gerentes generales, socios gestores, directores ejecutivos, directores, alcaldes, presidentes y presidentas de consejos de administración, coroneles y superintendentes de todo tipo de organizaciones), me he atrevido a hablar acerca de cómo los líderes más prodigiosos emplean sus habilidades.

Sin embargo, me resulta difícil ayudar a que estos líderes aprendan a ser más efectivos sin un contexto claro, específico y tangible. En este libro, Alejandro Magno es el contexto. Creo que esta obra, que utiliza a Alejandro como contexto, puede ayudarte a entender de forma más clara cómo ser un mejor líder observando disimuladamente la manera en que actuó uno de los más grandes de la historia.

Mientras que Alejandro nos proporciona el contexto, la teoría de la promulgación facilita el marco de aprendizaje para el desarrollo del liderazgo. La promulgación, tal y como ocurre con las lecciones más importantes que se desprenden de estudios académicos, ha tardado en conseguir una aceptación general. Es ahora cuando la promulgación empieza a ser conocida fuera del entorno académico. Los líderes que se aferren a su poder superarán a sus iguales, y su perseverancia será ampliamente recompensada.

Se dice que la cronología es el último refugio de los indecisos y el único recurso del historiador. A modo de disculpa, diré que no he recibido formación como historiador, sino en el campo de las ciencias sociales del comportamiento y la teoría organizacional. Mis intereses son la planificación estratégica y la formación ejecutiva (en liderazgo y planificación estratégica). Por lo tanto, me libro de ese refugio. Este no es un libro cronológico por tres motivos. En primer lugar, casi todo el resto de fabulosas obras sobre Alejandro son cronológicas, y no necesitamos una nueva versión. Intento transmitir una idea sobre su liderazgo y su ingenio estratégico. En segundo lugar, soy un narrador, y esto es un relato. Como formador empresarial, quiero informar y enseñar, y no solo contar la historia. Por esta razón, la historia es mi herramienta, no mi limitación. (Una vez dicho esto, trato de ajustarme al máximo a la realidad histórica tal y como yo la entiendo.) En tercer lugar, he intentado agrupar las estampas de la vida de Alejandro en categorías que, consideradas en conjunto, se sostienen entre sí. La imposición de la estructura de guía es un producto de mi investigación obsesiva acerca de la promulgación. (Si fuese un escritor más osado, habría escrito una versión de ficción utilizando el título del diario de Alejandro.) Por consiguiente, y en mi opinión, es mejor agrupar las estampas que componen la vida de este hombre por categorías o lecciones. Con lo de «mejor» quiero decir más útil para los líderes actuales.

No puedo prometer convertirte en un líder magnífico con este libro. Ni siquiera hacer de ti un buen líder. Pero sí hacerte un *mejor* líder.

La retrospección es un arma de doble filo. Gran parte de ella y del pasado parece inevitable. Con una retrospección insuficiente, es imposible lograr una perspectiva panorámica. Así pues, he intentado conservar la falta de inevitabilidad del pasado, a la vez que se adquiere el beneficio de la perspectiva histórica.

Fuentes: ¿Cómo sabemos lo que sabemos?

Uno de los asuntos más importantes para cualquier líder (militar, empresarial o civil) es la inteligencia. No el cociente intelectual (he conocido algunos líderes que, a pesar de ser buenos, no son muy inteligentes), sino el tipo de inteligencia que proporciona información. ¿A qué habladurías y rumores prestamos atención? ¿Por qué? ¿A quién debemos creer? ¿Cuándo creer los informes de los analistas de Wall Street? ¿Tiene un informante concreto del consejo un propósito que desconocemos? ¿Dónde consiguió la asesora su información, y por qué deberíamos creerla? ¿Confiamos en este analista industrial? ¿Es correcto nuestro conocimiento de la competencia? ¿Es correcto nuestro análisis interno de planificación estratégica en cuanto a los puntos fuertes, o está exagerado por razones políticas? Y en este sentido, ¿hemos subestimado nuestras debilidades? Como puedes ver (y sabes por experiencia), el conocimiento es poder. El poder, sin embargo, deriva de la inteligencia *exacta*, la información *exacta* y el conocimiento *exacto*. La pregunta es: ¿cómo sabemos qué información es exacta y qué debemos creer?

En la misma línea, ¿cómo saben los historiadores lo que saben acerca de Alejandro Magno, y por qué deberíamos creerlos? Si no podemos confiar en las fuentes, entonces, ¿estamos aprendiendo lecciones falsas? ¿Qué información debemos creer? ¿Por qué? ¿Cuándo?

Fuentes: Irregularidades en los cálculos

En la literatura histórica, comparamos las distintas fuentes de datos y elaboramos juicios bien fundados, tal y como hacen los responsables de cualquier organización.

Todas las fuentes clásicas exageran las pérdidas de los oponentes de Alejandro. ¿Por qué? Bueno, cada autor tiene una perspectiva que transmitir. Parece que Plutarco, por ejemplo, hizo de sus héroes seres portentosos (algo innecesario en el caso de Alejandro), por lo que normalmente reproducía las cifras más altas conocidas. Parece que otros optaban por una mayor precisión, aunque la segunda gran batalla, en Issos, muestra las divergencias. Arriano, considerado generalmente como el historiador más preciso y fiable, informó de 100,000 persas y 10,000 caballos muertos en esta batalla. Esta cifra *tiene* que haber sido inflada necesariamente. Puede que Alejandro perdiera 1,000 miembros de sus tropas y, aun así, nunca se ha oído una proporción de diez a uno, excepto en Zama, en Agincourt y en unas cuantas batallas más. Seguro que Issos no resultó ser una batalla tan desigual.

La exageración tiene muchos amigos y pocos enemigos. Los gerentes generales se atribuyen el mérito de los éxitos, reales o no, y las cifras infladas hacen que la victoria parezca mucho más espléndida. Cuanto menor sea la pérdida, menos preocupante será para el consejo de administración, por lo que, si se gestiona de forma adecuada, la exageración resulta útil a los líderes en ambas direcciones. De modo que lo que se persigue con la planificación estratégica, la auditoría de cuentas y la historia, es obtener informes independientes.

El vencedor escribe la historia, que rara vez es objetiva. Normalmente, se suele creer a los gerentes generales de éxito. Cuando fracasan, la versión de su oponente se convierte en la verdad. Y en la batalla, la verdad casi nunca es absoluta. Incluso con la información sobre el campo de batalla actual, los líderes siguen siendo a menudo poco claros con respecto a los acontecimientos. Las historias escritas por aquellos que solo han visto una parte del campo, y que no pueden más que confiar en las observaciones igualmente tendenciosas de otros, proporcionan datos que son, irremediablemente, inexactos. A veces, los historiadores modernos pueden comparar todos los informes y realizar la labor imparcial de resolver las inconsistencias y los prejuicios.

Las hazañas de Alejandro están documentadas en cuatro buenas fuentes clásicas: Plutarco, Arriano, Diodoro y Curcio. Los cuatro proporcionan historias de segunda mano, pero con el beneficio que supone el acceso directo de los autores a las crónicas originales. Sería como si los historiadores encontraran dentro de 2,000 años cuatro relatos sobre George Washington (cuyos autores hubiesen tenido acceso a todos los documentos o copias originales), pero ningún documento original a excepción de las inscripciones grabadas que sobrevivieron junto a las cuatro historias de segunda mano. Cada historia presentará algunos problemas, pero si las consideramos en conjunto, podemos construir un retrato bastante fiel. Eso es exactamente lo que los historiadores han hecho con las cuatro fuentes clásicas. Como resultado, parece que obtenemos un retrato bastante acertado de las campañas de Alejandro.

En los negocios, cabe destacar que no es sencillo separar la verdad, los informes fiables, la manipulación de las reglas, la opinión, los hechos y el engaño. Por eso confiamos en auditorías independientes, en la diligencia debida y en asesores externos. Aunque cada uno por separado puede fallar, juntos, como los clásicos de Alejandro, ofrecen un retrato mejor y más exacto.

AGRADECIMIENTOS

Los libros no son la obra de un individuo. Los autores necesitan apoyo, consuelo, ánimo, consejo, un espejo distante y una mente que no esté tan pegada al manuscrito. Tengo que dar las gracias a mucha gente por hacer posible este libro.

He confiado en lectores legos en lugar de recurrir a historiadores profesionales, aunque Jim McClenahan se acerca a esa denominación. Jim es un coronel de la Marina retirado con un ojo sin igual para el detalle. Leyó el manuscrito entero dos veces y localizó todos los errores fácticos y gramaticales. Como antiguo profesor de historia militar, su dominio de Alejandro igualaba prácticamente al mío; me mantuvo fiel a la verdad, aunque los errores, por supuesto, son responsabilidad mía. Mi viejo amigo Dave Ball, antiguo gestor general internacional instalado en la India durante años, leyó y cuestionó el manuscrito con actitud crítica. Produjo esta obra hasta un extremo vergonzoso; supongo que es algo parecido a cómo un productor sigue de cerca a un director. Dave volvió a escribir prácticamente por entero el primer borrador, y por ello mi deuda con él es inmensa. Gracias, Dave. Por último, mi decano, Jim Stalder, antiguo socio gestor de PricewaterhouseCoopers, lleva mucho tiempo interesado en Alejandro y leyó amablemente una versión inicial de este manuscrito, animándome a definir mi propósito y luchar por su publicación.

Mi familia ha sido inestimable. Hallé mi mayor inspiración en mi hija Jamie que, estando en tercer grado, era ya una editora regular de libros en su escuela, y que inspiró, halagó y me animó en todo momento a completar esta obra. Mi hijo Max es el rey de la casa, por lo que he aprendido mucho de él sobre liderazgo. Mindi Righter y su marido, Jeff, y mi nieto, Neo, estuvieron detrás, apoyándome con su presencia y su paciencia. Florri Mendelson es una agente talentosa y me enseñó mucho sobre el liderazgo, la gente y las organizaciones. Mi hermano Matt es una influencia diaria en mi vida, y todas mis decisiones acertadas se atribuyen, en parte, a su cariño. Desde que mi madre murió, mi hermana Sue Heine y su marido, Larry, han sido el timón de mi vida. Gran parte de mi éxito se lo debo a ellos. Puede que mi padre, John, disfrute con este libro. Puede que Ben aprenda de él. Bill lo habría devorado.

Los amigos hacen que todo sea posible. En primer lugar, Michael y Wendy Kumer han permanecido a mi lado más de lo que cabría esperar de ningún amigo. Hicieron que no me volviera loco mientras acababa este libro. Mark Seabright ha estado presente siempre que he estado mal. Firdaus Bagasrawala me dio ánimos en un momento crítico. Norna Kissane lleva apoyándome más de una década. Meg Brindle me ayudó a perfeccionar mis teorías sobre la promulgación, y le debo un agradecimiento profesional. Entre mis compañeros, Jim Weber ha sido el más constante a la hora de brindarme su apoyo, aunque muchos de mis colegas de Duquesne, que quedarán sin identificar, me han cuidado sin ser conscientes de ello. Clientes y socios demasiado numerosos para ser nombrados influyeron en mis teorías en ciernes acerca del liderazgo, sin reparar algunos en la importancia de su influencia. Algunos merecen una mención especial: Bob Bozzone, Linda Dickerson, Andy Field, Steven Goldstone, Bill Lowry, Bill McGuire, John Polutnik, Dave Reece, Larry Shekell, Art Stroyd, Jeff Yannazzo y Ted Wilke. Todos ellos hicieron posible esta obra, y con todos ellos he contraído una deuda de gratitud. Por último, mis profesores más importantes han sido mis alumnos, tanto del máster de dirección de empresas como los ejecutivos. Tal vez este libro les deba a ellos la mayor parte.

Un gran líder tendría una integridad impecable, sería servicial, comunicaría lo justo, ni demasiado poco ni en exceso, tendría sentido del humor, sería motivador, paciente e inspirador, y además, creería en ti. Así es mi editora, Christina McLaughlin de AMACON. Gracias, Christina.

Lance B. Kurke
Pittsburgh, Pensilvania

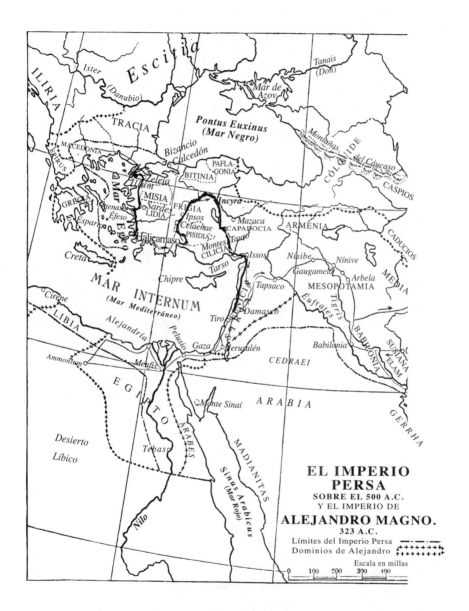

EL IMPERIO PERSA
SOBRE EL 500 A.C.
Y EL IMPERIO DE
ALEJANDRO MAGNO.
323 A.C.
Límites del Imperio Persa ▬·▬·▬·▬
Dominios de Alejandro ✦✦✦✦✦✦✦

Escala en millas
0   100   200   300   400

Por gentileza de Cornell University Library, Making of America Digital Collection.
Extraído del artículo de Benjamin Ide Wheeler, "Alexander the Great: The Invasion of
Asia and the Battle of the Granicus", *The Century*, vol. 57, n. 3, enero 1899, p. 363.

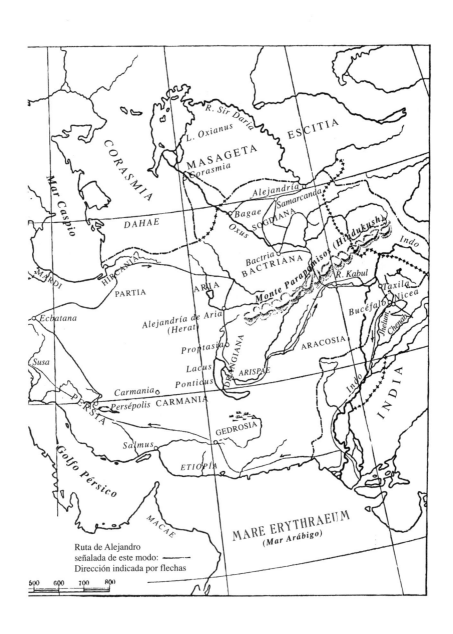

Ruta de Alejandro
señalada de este modo: ——
Dirección indicada por flechas

CURRÍCULUM VÍTAE

Alejandro Magno

LOGROS IMPORTANTES

- Con el asesinato de su padre, subió al trono a la edad de 20 años (336 A.C.).

- Unificó Grecia en menos de dos años.

- Invadió y conquistó Asia Menor, Egipto, Mesopotamia, Oriente Medio, el Imperio Persa, Afganistán, la región Sogdiana, Bactria e invadió la India.

- Luchó cuatro grandes batallas (Gránico, en el 334 A.C.; Issos, en el 333 A.C.; Gaugamela, en el 331 A.C.; Hidaspes, 326 A.C.) y decenas de asedios, refriegas y enfrentamientos menores.

- Sitió con éxito la isla de Tiro (332 A.C.).

- Derrotó una armada en tierra.

- Realizó una campaña que duró diez años consecutivos y recorrió 16,000 km.

- Una de las personas más acaudaladas de la historia.

- Fundó decenas de ciudades.

- Conocía los nombres de 10,000 soldados.

- Fue herido en innumerables ocasiones, tres de ellas casi mortales.

INFORMACIÓN PERSONAL
- Compartió las dificultades que sufrieron sus hombres; vivió como un soldado.
- Siempre luchó de forma visible en primera fila.
- Se formó como médico y proporcionó asistencia médica personalmente a los soldados.
- Se negó siempre (estando consciente) a recibir tratamiento médico antes de que todos los demás hubiesen sido atendidos, dormía a la intemperie y comía con moderación.

EDUCACIÓN

Profesores: Leónidas (preadolescencia), Aristóteles (adolescencia), Lisímaco (militar)

Habilidades: Rey, mejor general de la historia, médico

Aficiones: Armas, caballos, geografía, historia natural, táctica

DATOS PERSONALES

Nacido en: Pella, Macedonia (356 A.C.)

Familia: Tres esposas (Parysatis, princesa persa; Estatira, hija mayor del rey persa derrotado, Darío III; y Roxana, princesa bactriana) y una concubina importante (Barsine). Todos los herederos varones fueron asesinados durante las guerras de sucesión.

Héroe: Homero

Los cuatro procesos de liderazgo

Con el fin de facilitar tu aprendizaje sobre liderazgo (y sobre cómo llegar a ser un gran líder) he utilizado cuatro procesos para organizar algunas lecciones que podemos extraer de Alejandro Magno.[1]

En mi opinión, los líderes están involucrados en el negocio de la creación de la realidad. Ellos confeccionan el mundo como quieren que este sea, con limitaciones, obviamente. Es lo que se denomina *promulgación*: el proceso mediante el cual un actor realiza una acción cuyo resultado transforma el mundo ante el que dicho actor responde posteriormente. El actor, que puede ser un líder, un director, un padre, un general, un estratega, un político, un entrenador o un ladrón, cambia el entorno, la situación, las percepciones, las reglas, los procesos, las ideas u otros conceptos similares. En todos los casos se requiere acción.

En este libro desgloso la teoría de la promulgación, la actividad de creación de la realidad, en cuatro procesos definidos que proporcionan orientación a los líderes: reformulación de problemas, creación de alianzas, establecimiento de identidad y proyección de símbolos. Cada una de estas cuatro actividades está descrita con todo detalle en su propio capítulo, donde los ejemplos de las campañas de Alejandro ofrecen paradigmas específicos y palpables.

Primer proceso de liderazgo: Reformular problemas

Reformular una situación consiste en cambiar aquello a lo que la gente presta atención o da importancia. El sentido que se otorga a los problemas y la manera en que se definen son cruciales. Por ejemplo, al transformar una tarea que no se puede resolver y otra que sí tiene solución, se cambia de forma fundamental el mundo ante el cual respondemos.

Considero que la tarea más importante de los líderes es crear la realidad de sus organizaciones. La manera esencial en que lo hacemos es formulando y reformulando los problemas que se plantean ante ellas. Por ejemplo, una buena declaración de visión (p. ej., el cliente es lo primero, la calidad es lo primero o los empleados son lo primero) es una sencilla reformulación que puede transformar la organización, siempre que los clientes, los vendedores y los empleados se comporten de forma distinta por el mero hecho de haber promulgado dicha declaración. Esta reformulación ocurre porque el líder lo manifiesta y hace que así sea, lo que transforma la realidad. Si la calidad es lo primero, las repercusiones en la cadena de valor, en los sindicatos, en los accionistas y en los clientes serán distintas a la transformación de la realidad que resulta de afirmar que el cliente es lo primero.

En ocasiones, Alejandro Magno reformuló problemas mediante la creación de otro problema distinto. Cuando resolvía este último inconveniente «creado», el problema insoluble original resultaba irrelevante, banal, o bien, cuestionable. Llamo a este proceso *desplazamiento del problema*, y podría decirse que se trata del secreto de liderazgo más importante de este libro. Como podrás observar en el siguiente análisis histórico, Alejandro Magno no asumía las percepciones de su entorno como limitaciones a las que adaptarse. Los problemas percibidos eran reformulados mediante problemas alternativos que, a continuación, eran resueltos. A menudo, la solución consistía en redefinir la situación para actuar después de acuerdo a la realidad recién construida. El nuevo problema soluble se convertía en la solución al problema original. A veces bastaba simplemente con decir a la gente algo distinto a lo que creían.

I. Derrotar una armada en tierra

Los líderes se enfrentan constantemente a problemas «insolubles», grandes inconvenientes, espeluznantes y confusos, que son inextricables a pesar de dedicarles recursos. De mi investigación se desprende que los mayores líderes (militares, políticos y económicos) de la historia no tratan de resolver esos problemas «imposibles» cuando se enfrentan a ellos. En su lugar, encuentran o crean un problema distinto de forma que, al resolver esta nueva dificultad, el antiguo problema insoluble o imposible pasa a ser trivial para dedicarle tiempo o irrelevante.

Alejandro había luchado y vencido en dos de sus grandes batallas, Gránico e Issos, y estaba prácticamente listo para adentrarse en el corazón del Imperio Persa. Pero antes, sin embargo, tenía que asegurarse las provisiones necesarias.

El abastecimiento de alimentos era su mayor reto. Los ejércitos requieren enormes cantidades de comida, pero en la antigüedad, los comandantes no disfrutaban de carreteras de tránsito rápido, helicópteros y grandes camiones que les ayudaran a obtenerlas. Casi toda la comida se transportaba por vía fluvial en grandes cantidades. Esto suponía que Alejandro tenía que garantizar rutas por agua desde Grecia hasta las costas y ríos de Persia para poder recibir sus provisiones. Darío III, el rey aqueménido cuya dinastía había controlado Persia durante más de mil años, estaba al mando de una espectacular armada formada por unos 200 barcos de guerra veteranos. Por el contrario, Alejandro solo tenía una armada limitada y pequeñas barcazas costeras para transportar la comida. El problema era obvio: ¿cómo iba a ser capaz Alejandro de proteger su abastecimiento de comida si la armada persa podía interceptar sin problema alguno las barcazas costeras?

La respuesta igualmente obvia sería reaccionar en cantidad, construyendo una armada. Después de todo, eso es lo que hizo Julio César más de 300 años después cuando tuvo que evitar que los vénetos (que ocupaban los actuales Países Bajos) escaparan de sus fortalezas costeras en tierra. César elevó su petición a Roma solicitando el dinero y la autorización para construir la armada necesaria. Sin embargo, Alejandro no podía construirla. Carecía del tiempo y de los recursos económicos necesarios para ello. El endeble control que ejercía sobre su ejército y su patria descartaban el lujo de malgastar un año o dos para localizar los recursos y construir una armada. Habría necesitado que talaran y cortaran árboles, explotaran minas, fundieran las menas, fabricaran los accesorios, cosieran las velas, hicieran las cuerdas, y así sucesivamente. Habría tenido que capitanear y encargarse de 200 barcos de guerra, formar a sus tripulaciones y provocar a los persas para que se enfrentaran a él en una batalla campal. Después, habría tenido que vencer en esa batalla contra una armada de avezados comandantes. Este enfoque directo hacia la resolución del problema no era una opción razonable. Pero, ¿qué otra cosa podía hacer? (Detente. Piensa tu respuesta.)

La solución fue tan brillante que, hoy en día, se sigue estudiando en todas las escuelas de guerra naval del planeta. Alejandro fue el primer general que derrotó una armada en tierra. Muchos han intentado después repetir esta estrategia. Algunos lo han conseguido, pero él fue el primero.

¿Cómo se derrota una armada en tierra? Pues bien, Alejandro recopiló información cuidadosamente hasta que comprendió por completo a su enemigo (una armada, en este caso). Este análisis reveló una debilidad clave: la necesidad de agua dulce. En la actualidad, sabemos que los submarinos nucleares pueden sumergirse en el agua y permanecer allí durante seis meses o más porque las unidades de desalinización que reciben energía del reactor destilan el agua salada convirtiéndola en agua dulce. En la antigüedad, sin embargo, las destilerías no podían producir agua suficiente para abastecer a las tripulaciones. Además, el combustible para una destilería era prohibitivamente pesado y el riesgo de incendio, enorme. Como resultado, los comandantes navales estaban obligados a llevar consigo el agua, lo que limitaba aun más las distancias de los operativos. Generalmente, las vasijas, transportadas a remo, podían contener el suministro de agua necesario para operar en el caluroso verano mediterráneo durante un par de días. Un barco podía hacerse a la mar un día y volver al siguiente, o hacerse a la mar un día y continuar, si la tripulación sabía que podría tener agua dulce al día siguiente. Si el ejército de Alejandro se hacía con el control de todas las fuentes de agua dulce que estuvieran a dos días de travesía en la ruta de sus barcazas de provisiones, sería capaz de asegurar su abastecimiento.

Aunque pueda parecer una tarea de enormes proporciones, Alejandro la dirigió con bastante facilidad. Su ejército acuarteló todas las fuentes de agua dulce (p. ej., ríos, pozos y lagos) y envenenó aquellas fuentes que no podía o no quería controlar. Marchando por la costa del actual Líbano, el ejército llegó a la ciudad de Tiro. (Nos referimos a la nueva Tiro, la isla, no a la antigua Tiro, en tierra firme, que ya tenía 500 años de antigüedad.)

Tiro era esencial para los planes de Alejandro. Esta región del mundo alberga acuíferos, y uno de ellos proporcionaba agua dulce en cantidades ilimitadas a Tiro, que la vendía, a su vez, a la armada persa. Pero la ciudad era impenetrable. La isla había sobrevivido durante *trece años* al asedio de la armada persa, lo que muestra que era realmente inaccesible. Los tirios eran arrogantes en extremo debido a la certeza de encontrarse a salvo. Si no lo hubiesen sido, no habrían respondido como lo hicieron.

Para poder seguir adelante, Alejandro tenía que controlar el suministro de agua de Tiro, o convencer a los tirios de que no vendieran agua dulce a la armada persa. Su primer intento fue dirigirse a los líderes de la ciudad de forma diplomática (con el pretexto de ofrecer un sacrificio a los dioses), pero fue descortésmente rechazado (algunos dicen que, en realidad, lo expulsaron de la isla). Con este rechazo de la diplomacia, Alejandro no tuvo otra opción. Se dispuso a asediar la ciudad por tierra.

Sí, por tierra. Ordenó a sus ingenieros y soldados que construyeran un montículo de unos ochocientos metros de longitud (los cálculos varían entre ochocientos metros y un kilómetro) y de 90 a 180 metros de ancho. Este paso elevado era sencillamente un espigón de tierra. Los hombres de Alejandro tomaron palas y cestos, usaron algunas de las murallas de la antigua Tiro, encontraron tierra suelta cerca de la costa, cargaron sus cestos y, como un ejército de hormigas, arrojaron la carga al océano. Gradualmente, rellenaron el espacio de agua que había entre la ciudad y tierra firme. Este proceso llevó unos siete meses. Los tirios, por supuesto, trataron de detener esta maravillosa obra de ingeniería. Su flota trató de destruir el trabajo, y casi lo consiguió, pero los ingenieros de Alejandro construyeron torres especializadas y almenas móviles que protegían a los trabajadores durante el proceso. Alejandro también tomó prestadas algunas flotas pequeñas para ayudar a resguardar a los trabajadores. Cuando la calzada elevada estuvo completa, fue capaz de sitiar la isla fortificada como si se tratase de una ciudad en tierra firme. Cayó rápidamente, en unas dos semanas. La mayoría de los tirios fueron masacrados por el trato humillante dispensado a Alejandro y por su resistencia. La armada persa resultó incapacitada y Alejandro continuó triunfante su marcha hacia Egipto.

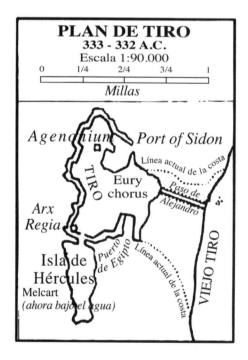

La derrota de Tiro jugó un papel esencial en sus planes de conquista del Imperio Persa. Fuente: William R. Shepherd, *The Historical Atlas* (Nueva York: Henry Holt & Company, 1923). Por gentileza de The General Libraries, Universidad de Texas, Austin.

Conclusiones y alegatos

Alejandro miró a una isla y, en su lugar, vio tierra. Reconsideró su problema hasta tal punto, que hizo que algo que era impenetrable, resultara accesible. Transformó su problema de uno naval a otro de proporciones terrenales. Aunque las mentes como la suya son poco comunes, emularlas no tiene por qué serlo.

Lecciones de liderazgo

Como líder, te encuentras inmerso en la tarea de la reformulación de problemas. Tu trabajo es crear la realidad a la que la organización destinará sus recursos. Dicha realidad se forja identificando o creando otros inconvenientes que no sean insolubles, con el fin de evitar el empleo de recursos en problemas que no tienen solución. En el ejemplo anterior, Alejandro inmovilizó la armada persa arrebatándole sus fuentes de agua dulce. Redefinió una isla como tierra firme, y construyó un paso para alcanzarla. Sin embargo, cabe destacar que el problema alternativo reformulado puede ser bastante monumental.

Ahora detente y piensa en tu mayor problema. ¿Estás construyendo una armada para conquistar Tiro (algo costoso y que requiere mucho tiempo), o es posible concebir un paso elevado para alcanzarla? ¿Cuál es tu paso elevado? Para reconocerlo, es necesario que sepas tus puntos fuertes y que los utilices, que conozcas tus debilidades y las evites, y que descubras las debilidades de tu enemigo y las ataques.

U.S. Steel nos brinda un ejemplo actual de reformulación de problemas. La compañía tenía un problema medioambiental en una de sus fábricas, donde los residuos procedentes de las operaciones de coquización (un paso muy contaminante, pero necesario en la fabricación del acero) tenían que ser contenidos para no contaminar las aguas subterráneas. Se pronosticó que la subsanación era extremadamente cara, y además podía fracasar. Muchas mentes pasaron meses trabajando para resolver el problema de contención. Entonces, alguien reformuló el problema. Al conocer «los puntos fuertes y los puntos débiles» de la situación, la persona que lo reformuló se percató de que había un pequeño contenido de energía residual en los desechos. Mezclándolo en pequeñas cantidades con el combustible de los hornos, la compañía podía eliminar el potencial problema medioambiental reasignándolo de la contención al combustible. Los gastos de la subsanación y de combustible descendieron, y la Agencia de Protección Ambiental quedó satisfecha.

Cuando tropieces con un problema, piensa en cómo se puede transformar en una oportunidad para usar tus puntos fuertes y evitar tus debilidades. Hacer esto te proporcionará una mayor oportunidad para el éxito, a la vez que te permitirá maximizar (en lugar de malgastar) tus recursos.

2. La batalla del río Hidaspes

Esta lección aborda la tarea de derrotar a un ejército mucho más numeroso que, además, tenía elefantes de guerra alrededor de los cuales la caballería de Alejandro no podría luchar. En la antigüedad, derrotar a una armada que posiblemente triplicaba el tamaño de la tuya requería una solución que no se centrara en los recursos. En este caso, Alejandro reformuló el problema. En lugar de confiar en el poder militar, la solución residía precisamente en el uso elegante y coreografiado de los puntos fuertes del enemigo contra ellos mismos.

Hacia el final de la campaña, que duró una década, Alejandro combatió la última de sus cuatro grandes batallas cerca del límite occidental de la India, en el río Hidaspes, próximo a la ciudad de Haranpur.

Una vez que Alejandro consiguió que su ejército cruzara el río Hidaspes (véase lección 10), se enfrentó a una tarea imposible. El rey al que se oponía, Poros, tenía un ejército mucho más grande (que superaba en número al de Alejandro en una proporción mayor de tres a uno) en una época en la que el tamaño casi siempre determinaba el resultado de una batalla. (Hasta la invención de la pólvora, el ejército más grande derrotaba, casi sin excepción, al más pequeño llevando a la línea de combate más fuerzas ante las que resistir.) Poros también tenía 200 elefantes de guerra, una fuerza formidable en aquella época. Centremos nuestra atención en estos elefantes, ya que ofrecen una lección de incalculable valor sobre el liderazgo (y sobre su fiel amiga, la estrategia).

Cualquier lectura de la literatura en torno a Alejandro muestra que su caballería era la clave de su habilidad militar. Después de todo, era un general de caballería. Desgraciadamente, toda la vida hemos sido engañados acerca de los caballos y los elefantes. Cuando vamos a un circo y vemos actuar juntos a estos animales, se trata de un espectáculo engañoso. En realidad, los caballos sienten una fuerte antipatía natural hacia los elefantes. Si un caballo huele un elefante, tratará de tirar a su jinete y escapar a todo galope hasta que ya no pueda olerlo. Esto es así tanto para los elefantes asiáticos como para los africanos y para todo tipo de caballos. Cuando vemos que los caballos se comportan de forma controlada cerca de los elefantes, es porque han sido criados para sentirse cómodos con su olor, algo que se logra metiendo la paja del establo de un elefante con el potro desde su nacimiento. Acostumbrándolo desde el momento en el que nace, literalmente, un caballo puede llegar a tolerar a los elefantes.

Todos los caballos de Poros estaban habituados a los elefantes; ninguno de los de Alejandro lo estaba. Así que, además del problema de derrotar a un ejército superior en número, Alejandro no podía contar con emplear su caballería, que solía ser el núcleo de sus tácticas, porque Poros protegía a su infantería colocando a los elefantes de forma estratégica y muy odorífera.

Alejandro hizo marchar a su ejército, cansado y exhausto, desde el punto más septentrional para cruzar el río, con el fin de encontrarse con el ejército de Poros en el sur. Poros consideró acertadamente que su ejército estaba alimentado y había descansado, mientras que el de Alejandro estaba agotado después de haber marchado toda la noche, de haber librado una pequeña batalla al cruzar y, ahora, haber caminado por el fango para ir a su encuentro. Escogió una llanura amplia y plana y esperó allí. Mientras, Alejandro se reunió con las secciones de su ejército en pasos del río previamente acordados y les proporcionó un pasaje seguro a la otra orilla. Cuando llegó al lugar donde se encontraba Poros, había logrado que casi todo su ejército cruzara sin peligro.

La posterior batalla habría hecho que un coreógrafo de danza se sintiera orgulloso. Todos los líderes deberían planear sus compromisos con tanto esmero. Como preparación para el encuentro con aquel gran ejército, Alejandro había ordenado a sus tropas que se dispersaran más allá de los límites que supuestamente alcanzaría el ejército de Poros. Disminuyó la profundidad de sus filas hasta unos ocho hombres. La profundidad del ejército de Poros era de unos treinta hombres o más. Poros pensaba que la fiera caballería de Alejandro acabaría con su gran ejército, así que organizó a su infantería cuidadosamente, de manera que los elefantes estuvieran intercalados delante o entre los soldados de a pie. Esta colocación protegía a los indios frente a la caballería de Alejandro, montada sobre caballos temerosos de los elefantes.

Como apunte para el lector cauto, debemos considerar la caballería. Antes de que comenzara la batalla de infantería, Alejandro tenía que saber cómo proteger a *sus* tropas de la caballería del enemigo. Eran tan vulnerables como lo habrían sido las tropas de Poros si no hubiesen contado con el beneficio de la fetidez de los elefantes. Ambos ejércitos colocaron a sus caballerías en las alas (una disposición habitual). Alejandro había situado a uno de sus generales de caballería, Coeno, en una posición tan engañosa que los generales de caballería indios vieron una magnífica oportunidad para sacar partido de tan «absurdo» movimiento y diezmar así el batallón. Coeno fue realmente el cebo. El batallón fingió escapar y fue perseguido por toda la caballería india, que veía la posibilidad de un baño de sangre. En realidad, la trampa funcionó como estaba planeado. Coeno se detuvo y reorganizó a su batallón para hacer frente al ataque de la caballería india. Entonces, el otro batallón de caballería de Alejandro cerró el paso tras ellos y el baño de sangre acabó con los indios que habían sido rodeados. La caballería de estos resultó diezmada, lo que dio seguridad al ejército griego. Esta trampa reformuló la batalla convirtiéndola en una lucha exclusivamente de infantería.

Para entender lo que ocurrió después, debemos detenernos por un instante y hablar de los *mahouts*, las *sarissas*, la policía militar, los arqueros montados y los lanzadores de jabalinas.

Como sabes, los elefantes son mamíferos enormes, inteligentes y muy longevos. Se les puede adiestrar, pero el domador tiene que establecer una relación muy especial con cada animal. Los domadores que tienen esos vínculos especiales con ciertos elefantes se llaman *mahouts*. Al nacer, se separa a la cría de elefante de su madre y, a partir de ese momento, el *mahout* suministra a la cría toda la comida que esta recibe. Baña al elefante, lo cepilla, cambia la paja de su cuadra (como si fuera la cuadra de un caballo) y muy pronto, días después de su nacimiento, por no decir horas, lo monta sentándose a horcajadas sobre su cuello. Puesto que en la época de Alejandro los elefantes vivían mucho más tiempo que las personas, los *mahouts* eran seleccionados a una edad muy temprana (normalmente a los cinco años) para que desempeñaran este trabajo de por vida. (Si el chico moría cuando el elefante era joven, a menudo se eliminaba al animal porque nadie más podía controlarlo. Si el elefante moría, no era posible asignar un nuevo animal al chico, a menos que este fuese aún muy joven.) Los elefantes pesan al nacer unos 115 kilos. Podemos imaginar a un niño de cinco años encaramándose al cuello de una cría de elefante y montándolo. Lo dirigía tirándole de las orejas e incluso cuando el elefante alcanzaba su madurez, con un peso de entre 1,800 y 2,700 kilos, el *mahout* era capaz de controlarlo gracias a ese vínculo especial. Cada *mahout* se comprometía con un elefante. Quedémonos con esa imagen.

Todas las falanges griegas estaban equipadas con un objeto largo, parecido a una pica, llamado *sarissa*. Esta pértiga podía ser de distintas longitudes, de manera que los hombres, organizados en filas de ocho, podían presentar un frente con todas sus *sarissas* (o varias de las filas frontales). La distancia entre el soldado griego y la punta de la *sarissa* debió ser considerada con suma cautela para que superara la longitud del brazo del soldado indio, sumada a la de su punzante espada, y evitar así que el griego acabase herido. Como resultado, el frente del ejército de Alejandro se convirtió en un muro impenetrable de puntas de acero. Más tarde, cuando el ejército se dirigió al encuentro de las tropas de Poros, pudo contener al frente indio.

Dado que el ejército indio estaba formado principalmente por agricultores poco entrenados que servían solo cuando era necesario, solía haber un alto índice de deserciones durante las batallas. Para combatir la huida prematura de las tropas, era una práctica habitual, casi con total seguridad, estacionar a la policía militar en la fila posterior del ejército. Probablemente, esta fuerza policial estuviera formada por veteranos incapacitados por alguna razón u hombres mayores que entrenaban a los demás en periodos de poca actividad. Esta fuerza cerraría filas para minimizar las deserciones pero, en el fragor de la batalla, unas treinta filas por detrás del frente, puede que estuviese completamente ajena a cómo iban las cosas. Y llegados a este punto, estamos listos para analizar la batalla con los arqueros montados y los lanzadores de jabalinas, que fueron cruciales.

Al considerar el inicio de la batalla de infantería, y aunque pueda resultar extraño, debemos pensar en un *ballet*. Cuando los dos ejércitos estaban separados por apenas unos cientos de metros, los arqueros montados, que eran mercenarios sogdianos contratados por Alejandro (en la actual Bujará, en Asia central), se adelantaron a través de pasillos entre las filas de infantería. En la antigüedad, los tiradores eran arqueros. Un buen arquero con un arco largo podía acertar nueve de cada diez veces un blanco de unos 8 o 10 centímetros desde una distancia de alrededor de 90 metros. Los arqueros montados sogdianos podían hacerlo, además, mientras cabalgaban. (Hoy en día, estamos acostumbrados a ver películas en las que francotiradores militares alcanzan con objetivos láser y con una precisión milimétrica blancos situados a una distancia de hasta 3 kilómetros. Pero acertar, en nueve de cada diez ocasiones, un blanco pequeño con una flecha, era toda una proeza, especialmente si tenemos en cuenta que el arquero iba montado a caballo.) Estos arqueros cabalgaban hasta el borde de su campo de tiro y, sistemáticamente, disparaban a los blancos asignados. Los primeros objetivos eran las cabezas o el pecho de los *mahouts*. Teniendo en cuenta las cifras con las que contamos, las estadísticas y el campo de tiro, debió pasar muy poco tiempo (¿veinte segundos como mucho?) antes de que todos los *mahouts* estuvieran muertos. ¿Cuál podía ser un segundo objetivo efectivo? ¡Los ojos de los elefantes! Por horrible que parezca, la lógica era impecable. Si cada arquero disparaba al elefante que tenía enfrente, en cuestión de un minuto, dos como mucho, todos los elefantes quedarían sin nadie que los guiara y ciegos. A medida que nuestro «*ballet*» se desplegaba, los arqueros montados salían rápidamente del campo de batalla y, durante los pocos minutos que permanecían en escena, la infantería de Alejandro se iba aproximando aun más al frente indio con su muro de acero.

Los siguientes fueron los lanzadores de jabalinas. Estos hombres tenían probablemente una especie de ajaba con varias jabalinas, entre diez y quince tal vez. Solían acertar hasta una distancia aproximada de unos cuarenta y cinco metros. Una vez que estaban en el campo de tiro, descargaban sus armas sobre los desafortunados elefantes que tenían justo enfrente. Después, los lanzadores de jabalinas salían del campo. (John Maxwell O'Brien sitúa muy cerca a la infantería con hachas, lo que infringiría heridas igual de horrorosas.)[1]

La batalla continuó. En ese preciso momento, el frente del ejército de Alejandro alcanzó al de las tropas de Poros.

Imaginemos la situación. Los soldados indios están rodeados por los griegos con su muro de puntas de lanzas al frente, la policía militar en la parte posterior, cientos de metros de compañeros soldados a los lados y, entre ellos, elefantes brutalmente heridos. Tenemos, además, 200 elefantes ciegos y sin nadie que los dirija que se retuercen de dolor porque llevan jabalinas de un metro de longitud clavadas en los pies o, más profundas aún, en la piel. Si fueras un elefante, ¿qué harías en esta situación? Huir, por supuesto. Así que, estos elefantes de dos o tres toneladas de peso se abrieron paso en estampida entre los indios. Las cifras de víctimas dieron lugar a una de las victorias más desequilibradas de la historia. Alejandro perdió unos 220 hombres de caballería, diez arqueros montados y un número insignificante de soldados de infantería. Poros tuvo 4,000 bajas entre la caballería y 21,000 en infantería (9,000 muertos en el acto y otros 12,000 heridos o capturados).

Conclusiones y alegatos

Alejandro reformuló el irremediable problema de derrotar a un ejército enemigo en mayoría abrumadora y lo solucionó de forma que el ejército enemigo se destruyera a sí mismo. (Hay que tener en cuenta que, en situaciones complicadas, a menudo es necesario reformular más de un problema.)

Lecciones de liderazgo

Se pueden extraer muchas lecciones de la batalla en el río Hidaspes. La reformulación de problemas requiere habilidades de liderazgo directas y concisas, como la planificación estratégica y táctica. Por ejemplo, rara vez la mayoría de los líderes son lo suficientemente inteligentes como para atacar las debilidades de sus competidores (confiando, en su lugar, en los puntos fuertes de su propia organización). Pero la vulnerabilidad puede hallarse tanto en los puntos fuertes como en los débiles. Explota la debilidad de tu enemigo. Y, a la inversa, sé consciente de tus propias vulnerabilidades y protégelas de posibles ataques.

Un típico ejemplo moderno fue la guerra corporativa que enfrentó a los fabricantes de carretes Eastman Kodak y Fuji Photo Film. Fuji derrotó a Kodak en los mercados norteestadounidenses utilizando su punto fuerte contra él mismo. Kodak reproducía el color a la perfección. Fuji descubrió que los consumidores norteamericanos preferían que en las fotos en color predominara el extremo azul de la gama, es decir, que fuesen imperfectas. Así que Fuji fabricó rollos que produjesen dicho efecto. Kodak respondió en el mercado japonés atacando una de las mayores debilidades de Fuji: su sistema de distribución. Kodak consiguió vender sus productos a los miles de quioscos del sistema ferroviario y de metro japonés, saltándose los lugares de distribución habituales.

Recuerda: reformula los problemas para explotar las debilidades del enemigo.

3. Reprimir la revuelta de Tebas

Hay muchas formas de lidiar con la deslealtad, la revuelta o la sedición. Cada una de ellas puede tener efectos totalmente distintos sobre las personas involucradas. En esta situación, Alejandro reformuló una revuelta: en lugar de conquistar un país, lo ganó a través de la confianza, e incluso la amistad.

Poco después de convertirse en rey de Macedonia, Alejandro comenzó una campaña en la parte septentrional de la actual Grecia y las regiones adyacentes, en un intento por asegurar sus fronteras y poder así invadir Persia sin preocuparse por su base militar.

Durante la campaña por el norte, la ciudad de Tebas se sublevó. Tropas macedonias la habían custodiado desde la batalla de Queronea, en el 338 A.C., pero los exiliados contrarios regresaron, asesinaron a los comandantes y dirigieron una revuelta a gran escala. Alejandro lo consideró una seria amenaza para la estabilidad de toda Grecia y para su futura invasión a Persia. Lo abordó de forma drástica y marchó rápidamente a Beocia, la región de Grecia central donde se encuentra Tebas.

La marcha fue tan veloz que los habitantes de Tebas no se percataron del ejército de Alejandro hasta que lo tuvieron delante. La rapidez de movimientos era uno de los distintivos de Alejandro. El ejército tomó, asedió y conquistó la ciudadela. Hasta aquí, la represión de la revuelta fue sencilla.

El periodo siguiente es digno de mención y tan importante como el cáliz en un altar. Alejandro actuó como el *hegemon* de la Liga de Corinto, no como rey de Macedonia. (La Liga era una alianza flexible y hasta el momento relativamente ineficaz creada por el padre de Alejandro, Filipo II.) Alejandro permitió que la Liga decidiera el destino de Tebas, y esta tomó una decisión bastante punitiva, movida por la envidia y por la codicia a partes iguales. Muchos tebanos fueron masacrados, aunque hubo algunas excepciones notables. La ciudad fue arrasada. Los supervivientes, vendidos como esclavos. Los miembros de la Liga de Corinto se distribuyeron las tierras. El castigo extremo impuesto a Tebas impactó al resto de Grecia y lo movió a someterse a la hegemonía de Alejandro sobre la Liga. Tuvo, además, el efecto de intimidar especialmente a Atenas. Los atenienses esperaban que su ciudad fuese saqueada. La parca Atenas sustituyó la imagen de Alejandro, un conquistador en el que no se podía confiar, por la de un unificador con el que merecía la pena aliarse.

Las lenguas etolias y acayas

Escala 1: 7.500.00

Millas

☐ *Etolios*
▨ *Acayos*

La unificación de varias ciudades-estado y alianzas griegas le proporcionó a Alejandro el respaldo para sus subsiguientes campañas. Fuente: William R. Shepherd, *The Historical Atlas* (Nueva York: Henry Holt & Company, 1923). Por cortesía de The General Libraries, Universidad de Texas en Austin.

El severo castigo a Tebas (por parte de la Liga, no de Alejandro) fue tan eficaz que toda Grecia envió emisarios a Alejandro, para felicitarlo y también para lograr su indulgencia. Él tomó algunos rehenes y aceptó que los locales castigaran a aquellos que se habían puesto del lado de Tebas o habían incitado a la rebelión. Al detener aquí la conquista (que estaba a su alcance casi con total seguridad), Alejandro pudo asegurarse una base militar de ciudades-estado aliadas no sometidas, a la vez que reanudaba la malograda invasión de Persia que inició su padre.

Conclusiones y alegatos

El problema inicial de Alejandro era cómo asegurar las fronteras de Macedonia y pacificar Grecia, supuestamente mediante la conquista, tal y como su padre había intentado hacer durante décadas. Alejandro logró reformular el problema para que tuviera como resultado la unificación, no la conquista. Esta solución fue brillante; sin embargo, rara vez se emula hoy en día en las adquisiciones.

Lecciones de liderazgo

La victoria se puede definir de varios modos. Algunas victorias tienen mayor valor a largo plazo que otras. Al *no* conquistar Atenas y emplear de forma efectiva un organismo independiente de la organización, Alejandro pudo abandonar el país de manera segura sin miedo a posteriores revueltas.

Se me ocurre un ejemplo fallido. Cuando US Airways adquirió Piedmont Airlines (para lograr el acceso al centro de Charlotte, en Carolina del Norte), se hizo con una compañía aérea que contaba con uno de los mejores grupos de servicio de vuelo en el sector. Esta adquisición tuvo lugar durante una época en la que US Airways tenía fama de ofrecer un servicio pobre durante el vuelo. Una reformulación adecuada habría permitido aprovechar las ventajas de la adquisición y que los antiguos líderes de Piedmont implantaran sus modelos de servicio en la nueva compañía aérea fusionada. Desgraciadamente, por razones que no se han hecho públicas, todos los ejecutivos importantes de Piedmont relacionados con los procesos de contratación, selección y formación de personal de vuelo abandonaron la nueva organización en cuestión de meses. La conquista perjudicó a largo plazo el servicio. La unificación, con la subsiguiente apariencia de pérdida del control, habría sido una manera más acertada de reformular la situación.

4. Posesiones

Uno de los principios militares más importantes es la movilidad. Durante miles de años, la movilidad y su derivada, la flexibilidad, han sido el fundamento constante de victorias basadas en la estrategia y la táctica (en oposición a las victorias fundadas en los recursos y en una abrumadora superioridad numérica o tecnológica). Alejandro ganó varias batallas y empresas llegando el primero a un importante punto estratégico o táctico. Lo habitual es abordar la falta de movilidad añadiendo más transporte, más caballos, doblando las exigencias a los soldados, adelantando las salidas, etc. (Los equivalentes actuales incluyen la subcontratación, las horas extra, la contratación de trabajadores temporales y el rescate de lanzamientos de productos fallidos.) Alejandro reformuló su pérdida de movilidad.

Cuando Alejandro emprendió su camino a oriente hacia la actual Afganistán, después de haber aceptado la cabeza de Darío III (el rey aqueménido; véase capítulo 3, lección 25) y el trono persa, su ejército ya había recaudado, gracias a los saqueos, riquezas inimaginables para los soldados griegos. De hecho, el ejército llevaba una caravana de carromatos adicional para transportar su botín y, por esta razón, había perdido gran parte de su movilidad.

Aunque probablemente sea una exageración, se dice que los soldados rasos, que solían levantar el campamento al amanecer, iban tan cargados que, cuando la vanguardia se aproximaba a un nuevo enclave para acampar, la retaguardia seguía aún levantando el campamento. Se suponía que el ejército de Alejandro era móvil, pero se había enriquecido, había engordado y se había ralentizado.

Alejandro reunió a todos sus soldados y pronunció un persuasivo discurso acerca de la necesidad de movilidad. Más tarde, delante de sus hombres, incendió los carromatos cargados con su parte de los saqueos, salvando solo los suministros de intendencia (incluyendo el oro para pagar) y las ambulancias. Él, que era el que más podía perder, fue el primero, e invitó a sus seguidores a que imitaran su ejemplo.

Y lo hicieron.

La movilidad del ejército resurgió de las cenizas.

Conclusiones y alegatos

Alejandro no hacía distinciones de rango cuando se trataba de sus obligaciones militares. No permitía excepciones. Lideraba desde el frente, especialmente en combate, dando ejemplo.

Lecciones de liderazgo

Sé justo. No te obsesiones con las propiedades. Toma medidas contundentes para afrontar los problemas. Usa el simbolismo como es debido (véase capítulo 4). Todas ellas son lecciones importantes, pero me gustaría enfatizar el papel de la reformulación de problemas. Alejandro *no* intentó resolver el problema de la movilidad mediante la solución tradicional de los recursos vagos. En su lugar, volvió a concebir su ejército como había sido en un principio: pequeño, móvil y flexible. La forma de recuperar su concepción inicial fue hacerla resurgir de entre las llamas. A pesar de las intensas luchas para conseguir riqueza, el ejército la redujo gustosamente a cenizas porque así se lo pidió un gran líder que supo cómo hacer su petición visualmente (con el ejemplo), simbólicamente (con fuego) y personalmente (siendo el primero).

Hay escasos equivalentes actuales positivos, pero los ejemplos negativos abundan. Los japoneses tienen la bien merecida reputación de ser más justos en cuanto a las remuneraciones que la mayoría del resto de economías avanzadas. Los ejecutivos mejor pagados ganan solo una fracción de lo que reciben sus homólogos estadounidenses. Y cuando la economía sufre un receso o la compañía no obtiene buenos resultados, son los ejecutivos, no los trabajadores por horas ni los del sindicato, los que sufren los recortes. En Estados Unidos, es muy común que los ejecutivos vuelen en aviones o helicópteros de empresa, que lleguen en limusina a las reuniones y que expliquen que los empleados deben realizar sacrificios (con despidos, reducciones de ingresos, recortes en las pensiones o rebajas en los beneficios). Este tipo de «liderazgo» vacío, desde la retaguardia, no se corresponde ni remotamente con el de los grandes líderes de la historia.

5. Fundación de ciudades

Ningún otro líder de la historia antigua tuvo que hacer frente a un problema tan serio como el que tuvo que afrontar Alejandro: cómo mantener unido un nuevo imperio sin los recursos militares adecuados para acuartelarlo. Antes de ese momento, y desde entonces (a excepción, tal vez, de la Unión Soviética en el siglo xx), nadie se propuso integrar tantas culturas, tanto orientales como occidentales. La solución de Alejandro fue reformular el problema, creando nada menos que setenta ciudades y pueblos. (En el capítulo 4 se discuten otras soluciones.)

Alejandro tenía dos problemas recurrentes: qué hacer con los heridos, los enfermos, los lisiados, los ancianos y los veteranos cuyos nombramientos expiraban, y cómo controlar las tierras conquistadas.

La solución que planteó Alejandro fue levantar puestos fronterizos militares tácticos, poblados por una combinación de veteranos macedonios heridos (o aquellos cuyo llamamiento a filas hubiese vencido), seguidores del campamento, voluntarios locales y una pequeña guarnición. Se ubicaban siempre en lugares con bastante agua, buenas tierras y valor estratégico militar. Algunos de ellos (por ejemplo Alejandría, en Egipto) llegarían a convertirse en centros neurálgicos del mundo. Algunas de las ciudades que fundó (como la ciudad que recibió el nombre de su caballo, levantada en el lugar donde este murió) fueron una muestra de su ego.

Conclusiones y alegatos

Alejandro resolvió el problema de tratar a los veteranos de manera justa dejando a un grupo de estos hombres (que normalmente se encontraban levemente heridos) junto a algunos nacionales y concediéndoles tierras. Por otra parte, solucionó el problema del control de los territorios conquistados fundando ciudades para estos veteranos en emplazamientos relevantes desde el punto de vista estratégico.

Lecciones de liderazgo

La historia reciente nos muestra a menudo cómo las organizaciones modernas se deshacen de muchos empleados. A veces, esta decisión recibe el nombre de prejubilación, recorte de plantilla, reestructuración, despidos u otros por el estilo. Puede que a los grandes líderes les fuera mejor imitando a Alejandro y encontrando soluciones creativas a sus problemas empresariales. Excepto en casos de sobrecapacidad industrial, las compañías podrían crear nuevas filiales que operasen desde la distancia, en las que trabajaran ejecutivos y empleados que podrían ser dueños de parte de la nueva entidad. A su debido tiempo, la filial se convertiría tal vez en una valiosa entidad o se vendería, tanto a otros como a los mismos empleados. Este tipo de actuación puede resolver multitud de problemas, como el de reducir una plantilla demasiado numerosa, la eliminación de los «vertederos ejecutivos» y la creación potencial de riqueza corporativa, a la vez que se trata a los empleados con dignidad y se beneficia a la sociedad.

La otra cara de este tipo de acción es que hay demasiados líderes actuales que expanden sus imperios por razones equívocas. Aparentemente, los ejecutivos adquieren compañías por razones estratégicas, pero puede que más tarde se den cuenta de que dichas adquisiciones no convienen y se deshagan de los juguetitos de sus predecesores. ¿Por qué hacen esto los ejecutivos? Bueno, una de las razones habituales es que sus convenios de jubilación van unidos al precio de las acciones, lo que está relacionado con las ventas brutas; por lo tanto, cualquier venta, incluso aquellas en segmentos industriales ilógicos, ayuda a engordar «los contratos blindados». Otra razón es que los ejecutivos desean dejar un legado. Los líderes controlan vastos recursos de la organización que pueden destinar a prácticamente cualquier fin que se pueda justificar ante la junta directiva. Pero los legados se miden, normalmente, en base al tamaño, no a la calidad. ¿Por qué un legado no puede crear una competencia esencial que convierta a la organización en un competidor digno durante décadas, en lugar de transformarla en un rompecabezas de adquisiciones sin ningún criterio? Reflexiona sobre tu legado antes de actuar.

6. Motín

Ningún líder tiene el penúltimo poder. Ningún empleado tiene un aguante ilimitado. Ningún ejército es más poderoso que la sinergia proporcionada por los soldados individuales. Cuando un ejército se subleva, los líderes pueden hacer muchas cosas: castigar con disciplina férrea (por ejemplo, disparando a los desertores o azotando a aquellos que desobedecen), premiar con generosas bonificaciones (Alejandro lo hizo a menudo y era una práctica habitual en Roma), amonestar o incluso rogar (una práctica moderna habitual). Alejandro pudo redefinir la realidad reformulando un motín y haciendo que volver a casa fuese *su* decisión.

Después de la batalla del río Hidaspes, Alejandro siguió avanzando hasta el interior del Panyab con la intención aparente de derrotar toda la India. Se rumoreaba que incluso llegaría a China, pero las tropas se negaron a continuar.

Imagínate: estaban a miles de kilómetros de casa. Llevaban haciendo campaña, de forma casi continua, durante ocho años y habían visto a muchos de sus camaradas morir o resultar heridos. Habían sufrido enfermedades, privaciones y hambre. Habían caminado varios miles de kilómetros y aún tenían que regresar a pie. Y vivían temiendo casi constantemente por sus vidas. Ya era suficiente, y nada de lo que Alejandro dijera los haría cambiar de opinión.

Alejandro estuvo tres días sin salir de su tienda y sin ver a nadie. Después, abandonó sus cavilaciones para anunciar que *él* había decidido que el ejército volvía a casa. Reconoció su fracaso y lo convirtió en una victoria porque él lo declaró así.

Conclusiones y alegatos

Si bien es cierto que Alejandro estuvo enfadado en su tienda durante tres días (una acción que no es muy propia de un hombre de estado), empleó ese tiempo para convertir su derrota en una victoria invirtiendo simplemente los roles. Transformó la decisión del ejército en su propia decisión; por lo tanto, no había motín. Sin embargo, no dio la impresión de que se estuviera echando atrás. Básicamente, este es un ejemplo de cómo decir que algo es de una determinada manera hace que sea así.

Lecciones de liderazgo

Seas quien seas, sea cual sea tu causa, independientemente de tu calidad como líder, puedes forzar demasiado a tus tropas, esperar demasiado y pedirles más de lo que es posible dar.

Un líder comprende las capacidades y limitaciones de sus empleados. El anterior presidente de mi organismo empleador, la Universidad Duquesne, promulgó la visión de llegar a ser la universidad católica número uno de Estados Unidos. No se impuso limitación de tiempo alguna. No se marcaron criterios de medida. No se proporcionó ninguna directriz acerca de cómo sucedería. Por supuesto, esa meta es casi imposible teniendo en cuenta, por ejemplo, el legado de mil millones de la Universidad de Notre Dame. Aproximadamente una década más tarde, este presidente declaró el triunfo en base a numerosos criterios (por ejemplo, Duquesne era la institución mejor conectada y cuya educación presentaba la mejor relación calidad-precio). Aunque pocos competidores otorgarían a la universidad el primer puesto, nuestro líder dijo que era así e hizo que, a ojos de sus empleados, alumnos, ex alumnos, fundaciones y donantes, así fuera.

7. Confianza y lealtad

Alejandro se veía traicionado en algunas ocasiones. Lidió despiadadamente con los persas y con otros reyes y gobernantes pero, cuando trataba con los griegos, vacilaba más.

A finales de la campaña que duró una década, parecía que Alejandro se volvía cada vez más desconfiado. Parmenión era uno de los consejeros en los que más confiaba su padre, y había seguido siendo servicial con Alejandro. El hijo de Parmenión, Filotas, acompañó a Alejandro durante toda la campaña, mientras que el padre recibió un importante cargo administrativo en Ecbatana, custodiando el tesoro real.

Parmenión y Filotas. Padre e hijo. Leales y dignos de confianza. Uno fue asesinado injustamente por orden de Alejandro, el otro fue ejecutado, puede que injustamente, por ser cómplice de conspiración.

Filotas fue ejecutado porque sabía de una conspiración para asesinar a Alejandro, pero no se lo comunicó a este. Cuando la conspiración salió a la luz, Filotas fue declarado culpable por asociación (por *no* actuar al creer que era una vana amenaza). Cuando todos los conspiradores hubieron muerto, a Alejandro aparentemente se le ocurrió que el padre de Filotas podía ser también culpable de conspiración (aunque parece improbable). O quizás Parmenión fue ejecutado por celos (era extremadamente popular entre el ejército). Fuese culpable por asociación o por celos, lo cierto es que Parmenión fue asesinado antes de que las noticias de la conspiración llegaran al ejército. (Alejandro había enviado la orden de su ejecución nada menos que con un camello de carreras.) Con la muerte de Parmenión, el ejército casi se amotinó. Los soldados que mostraron su apoyo a este o aquellos que enviaron a casa cartas que no hablaban bien de Alejandro fueron agrupados en una «compañía disciplinaria» para evitar que el resto se contagiara.

Conclusiones y alegatos

Se puede argüir que esta historia no muestra grandeza, sino más bien paranoia. Puede que Alejandro tomara una decisión equivocada en este caso, y tal vez el relato debería incluirse en una sección dedicada a los «Momentos bajos». Sin embargo, la lección reside en las consecuencias de una decisión posiblemente errónea. Las tropas podrían haberse sublevado debido a su gran lealtad a Parmenión.

Lecciones de liderazgo

Si hay que tomar decisiones impopulares y existe la posibilidad de un «motín» o un sabotaje, decide con antelación cómo contener el daño. Los trabajadores descontentos son una plaga que puede causar daños prolongados. Si algunos empleados no responden a los intentos de persuadirlos, pueden llegar a ser como un virus y extender su discordia. Sería conveniente deshacerse de la gente a la que, con certeza, no será posible ganarse jamás. Las organizaciones lo hacen continuamente, mediante líderes sindicales clave que colaboran al involucrarlos en la dirección, con la venta de una parte de la organización al personal directivo superior o con otras prácticas.

Un típico ejemplo actual es la manera en que Winton Blount manejó el antiguo Departamento de Correos durante el gobierno de Nixon. Blount recibió el mandato presidencial y parlamentario de hacer que la oficina fuese eficiente. Sabía que los sindicatos, la arraigada dirección, la influencia parlamentaria, la cultura de la organización, las tradiciones y otros factores garantizarían el fracaso de un cambio del sistema a gran escala. La solución que halló fue sobresaliente. Aunque ofreció incluir a todos, despidió a aquellos que estaban en clara disonancia con la nueva cultura (aunque ello implicaba a miles de personas). Cambió el nombre de la organización, que pasó a ser el Servicio Postal de Estados Unidos. Incorporó a directivos de empresas que utilizaban procesos con buen rendimiento. Se impuso en el gremio una inyección masiva de tecnología. Los empleados que quedaron se vieron bombardeados por un boletín de noticias que contenía un aluvión de información constante acerca del rendimiento, las nuevas tecnologías y las distintas formas de evaluación del éxito. El cambio, meticulosamente planeado, se propagó con sumo cuidado a la cultura de cientos de miles de trabajadores de correos. Al iniciar un cambio generalizado, especialmente si ello implica ganarse la confianza y la lealtad de los empleados, considera la necesidad de eliminar a los que no son fiar, de convertir a los dóciles y de contener a los fanáticos.

8. Cómo conquistar una fortaleza inexpugnable

A menudo, el inconveniente es la definición del problema. Si una roca resulta inexpugnable, es porque con anterioridad aceptamos que así sea. La percepción es normalmente la realidad.

Después de convertirse en rey de iure y de facto del Imperio Persa, Alejandro emprendió el camino hacia el este para hacerse con el control de las insidiosas tribus de la colina. Estas tribus habían supuesto un problema para los persas durante siglos. Se mantenían al margen de lo establecido y eran «contenidas» a menudo para volver a levantarse cuando el ejército de paso se había marchado. Tenían siempre una ciudadela en la que replegarse: la roca de Aornos.

La roca de Aornos se consideraba inexpugnable, y por ello era el refugio de muchos locales que huían de la ira de Alejandro y del caos originado a su paso por la región occidental del río Indo. Todas las descripciones que se han dado de ella, así como su extraordinario emplazamiento, hacen que parezca en realidad tan inaccesible como dice la leyenda.

Cuenta la leyenda que incluso el hijo de Zeus, Heracles, fracasó en su intento por conquistar Aornos. Por supuesto, eso significaba que Alejandro *tenía* que conquistarla. Al mismo tiempo que emprendía la conquista y el control de todas las ciudades vecinas, comenzó un asedio estándar. Parece que todo el mundo estaba convencido de la invencibilidad de la roca. Y seguiría siendo invencible, a menos que Alejandro lograra convencer a su ejército de lo contrario.

La clave para resolver este problema era un «movimiento por los flancos» casi imposible que consistía en escalar por las empinadas paredes de un lado de la roca. (Los guías locales le habían descubierto a Alejandro este escarpado acantilado.) Ese flanco nunca se defendía porque creían que nadie podía escalarlo. Error. El ascenso de las tropas de Alejandro por la roca fue tan inesperado que surtió efecto. Hay que señalar que las habilidades de Alejandro en recursos humanos eran muy conocidas, de forma que podía convocar a su ejército, con los incentivos adecuados, y ellos acudirían.

Conclusiones y alegatos

Alejandro no aceptó la aparente realidad que se le mostraba. Nunca. Una ubicación inaccesible obviamente no era tal, porque Alejandro era Alejandro *Magno*. Reformuló todos y cada uno de los problemas «insolubles» y, en este caso, reconoció que la *percepción* de inaccesibilidad era el verdadero punto débil del arraigado ejército.

Lecciones de liderazgo

A veces, decir que algo es de una determinada manera hace que sea así. Según mi experiencia, los líderes son con frecuencia sus propios enemigos. Puesto que no son capaces de visualizar algunos resultados, no es posible que logren alcanzarlos. A menudo instruyo a ejecutivos acerca de la práctica de caminar sobre el fuego (que consiste en andar descalzo sobre un largo lecho de carbones encendidos, una práctica reconocida en todo el mundo, pero poco habitual en Estados Unidos y que, por lo tanto, se considera, erróneamente, imposible de realizar sin hacerse daño en los pies). La exposición a esta práctica abre con frecuencia los límites de lo posible. Aparentemente, Alejandro nunca tuvo esos límites tan estrechos.

Alrededor de 1990, Jack Welch quiso que General Electric (GE) doblase sus ingresos partiendo aproximadamente de 100,000 millones de dólares en una década. El problema es que cuando les pidió a los directores del departamento de planificación estratégica (SBU) que proyectaran lo que esperaban aportar a este crecimiento, las cifras totales solo ascendieron a 40,000 millones de dólares en ventas adicionales. El problema resultó ser meramente conceptual; el inconveniente residía en la propia definición de Welch. En torno a 1980, Welch exigió a los departamentos de planificación que fuesen los primeros o los segundos del sector, o por el contrario se desharían de ellos. Todos los departamentos de planificación estratégica de

GE tuvieron que arrebatarles cuotas de mercado a otros gigantes del sector, limitando así gravemente el crecimiento por la intensa competición entre gigantes económicos. La solución, propuesta por un coronel del ejército en una sesión de grupo, consistía en *redefinir* cada segmento de la industria. De esa manera, los segmentos de la industria definidos como pegamentos podían convertirse en adhesivos, las bombillas en luz, el papel de lija en abrasivos, etc. Estas redefiniciones de la industria ampliaron el mercado y permitieron un crecimiento mucho mayor. La reformulación hizo que GE se convirtiera en uno de los mayores negocios industriales del mundo. Como hemos dicho, las percepciones y creencias de los líderes pueden ser el mayor problema. Cambia tus percepciones y creencias.

9. La logística está infravalorada

En la actualidad, una solución habitual a los problemas de logística es destinarles más recursos. Si se interrumpen los suministros, se envían más suministros. Si el mercado no alcanza las expectativas, se gasta más en publicidad. Si no se fabrica material con la rapidez necesaria, se compran más máquinas, o se añade un turno más. Estas soluciones basadas en los recursos sacan adelante el trabajo. Pero, ¿a qué precio? Alejandro solía reformular sus problemas para que no dependieran tanto de los recursos.

Durante su prolongada campaña, el abastecimiento del ejército, especialmente de comida, resultó problemático, pero fue particularmente difícil antes de que conquistara el centro administrativo del Imperio Persa. Normalmente, Alejandro podía adquirir comida de Grecia o, más tarde, de Egipto. Pero a menudo se veía obligado a conseguirla localmente, y no quería robársela a los habitantes locales porque quería «reinar» de forma benévola. Después de convertirse en rey de Persia, la tarea se hizo mucho más sencilla, excepto en lugares como el desierto de Gedrosia.

La comida podría haber provocado un desenlace muy distinto, relegando tal vez a Alejandro a una nota histórica a pie de página de su famoso padre, que fue básicamente el inventor del ejército moderno. Si los sátrapas (los gobernadores designados soberanamente) de Gránico (la primera gran batalla de Alejandro) hubiesen arrasado los campos por delante de Alejandro, podrían haber impedido su incursión, porque al principio este tenía muy pocas posesiones, muy poco apoyo y medios limitados de transporte. Por desgracia, estos nobles que Darío había seleccionado consideraban que el combate, no la innoble táctica de quemar los cultivos, era la manera de manejar a los griegos (a los que los persas despreciaban). Puede que la codicia también indujera a los sátrapas locales a luchar en lugar de quemar los cultivos (ya que si quemaban todos los campos, perderían tributos). Al principio, es probable que ni siquiera la maquinaria logística de Alejandro hubiese podido resistir la invasión.

Al contrario de lo ocurrido en Gránico, poco después de la muerte de Darío, Bessos (un noble persa depuesto) desafió a Alejandro declarándose rey y reuniendo tropas de Bactria y de otros aliados. Bessos continuó hasta acabar replegándose frente al poderoso ejército de Alejandro. Durante su retirada, quemó cultivos y, finalmente, cruzó el río Oxo (el límite norte actual de Afganistán) adentrándose en lo que entonces se conocía como Sogdiana. (Casualmente, esta era la región en la que Alejandro contrató a los arqueros montados que desempeñaron tan importante papel en la batalla del río Hidaspes.) Alejandro y su ejército cruzaron la Hindu Kush (una de las cordilleras más impresionantes del mundo) y, aunque por sí solo este ya era un logro formidable, el ejército siguió adelante con el objetivo de someter Bactria (donde más tarde Alejandro conoció a Roxana y se casó con ella) y, después, siguió rápidamente a Bessos al otro lado del Oxo.

Conclusiones y alegatos

Al final, los aliados de Bessos se dieron cuenta de que se enfrentaban al mismo destino que Darío, cuya muerte había sido ideada por Bessos. Por consiguiente, los aliados arrestaron a Bessos y se lo entregaron a Alejandro (vivo, desnudo y con un collar de madera). Su destino ha sido narrado en varias historias. No sabemos cuál de ellas es la verdadera, pero todas son desagradables e incluso macabras. Por ejemplo, unos dicen que le cortaron la nariz y las orejas y lo entregaron a la familia de Darío, que acabó con él infringiéndole una muerte lenta y extremadamente dolorosa que concluyó con pequeños trozos de su cuerpo esparcidos por todo el campo. Otra entrañable historia cuenta que fue atado a dos árboles que habían sido inclinados. Cuando se retiraron las ataduras, Bessos se desgarró por la mitad. Las otras historias son igual de gráficas, pero no importa lo que ocurrió realmente. Lo que importa es que el destino de Bessos dejó aun más claro a la gente del imperio que Alejandro era el rey y se enfrentaría no solo a la deslealtad sino a cualquier ataque contra su suministro de alimentos.

Lecciones de liderazgo

Alejandro reformuló de forma correcta el problema, que pasó de estar relacionado con el abastecimiento de suministros a la persecución del enemigo. En repetidas ocasiones se hizo con el suministro persa intacto.

Hace más de 3,000 años, Sun Tzu advirtió a todos aquellos que aspiraban a ser generales que persiguieran al enemigo. Alejandro intentó no distanciarse de los civiles con el robo de su comida, así que se propuso hacerse con la mercancía y los suministros de su oponente. Ve en busca del enemigo.

Y a la inversa, quema los cultivos de tus rivales para reducir la competencia. Un ejemplo actual es la práctica común de arruinar el mercado de prueba o los lanzamientos de productos de la competencia. Cuando un competidor introduce un nuevo artículo en tu mercado, regala o reduce drásticamente el precio de tu producto equivalente, consigue amplios expositores, reparte vales, compra propaganda para ahogar el lanzamiento de tu oponente, o emplea una combinación de estas tácticas. Este es el equivalente a la quema de cultivos, porque el consumidor responderá a tu estrategia y comprará tu producto. Como resultado, el competidor obtendrá un lanzamiento mediocre (puede que llegue incluso a eliminar el nuevo producto debido a los decepcionantes resultados) o será incapaz de conseguir datos precisos porque todas nuestras acciones frustran los resultados. En cualquier caso, se requiere una respuesta rápida y contundente.

10. Paso del río Hidaspes

Hacia el final de la campaña de los diez años, Alejandro se enfrentó a Poros, un rey de la India, en el río Hidaspes, que era turbulento y podía arrastrar a los soldados desprevenidos, cargados con pesadas corazas y armas. En circunstancias normales, los caballos, que son excelentes nadadores, ayudarían a la infantería a cruzar un río. Hay que recordar, sin embargo, que el otro lado estaba defendido no solo por un ejército aplastantemente mayor, sino también por elefantes, cuyo olor mantenía a raya a la caballería de Alejandro. La fuerza bruta no podía hacer que cruzaran. Era necesario reformular el problema, desplazar el problema original.

Antes de la batalla en el río Hidaspes, Alejandro tuvo que cruzar este poderoso afluente del río Indo, el mayor río que recogía el agua de la parte occidental del Himalaya y que podría agarrarte el brazo y arras-trarte corriente abajo hasta la muerte.

A su llegada a la orilla, Alejandro ordenó a sus hombres que levan-taran el campamento, y a la mañana siguiente tomó a la mitad de sus soldados y marchó con ellos río arriba. Poros, rey y general de los indios de la zona, no tuvo otra elección que tomar a la mitad de su ejército y marchar frente al de Alejandro para impedir que cruzaran. A mediodía, Alejandro se detuvo para almorzar y después regresó al campamento. El ejército de Poros hizo lo mismo. Al día siguiente, las tropas de Alejandro marcharon río abajo (en busca de un posible vado). Poros tuvo que seguirlos para asegurarse de que Alejandro no cruzaba, y volvió a seguir al ejército desde el otro lado de regreso al campamento. Y así continuó un día tras otro, una semana tras otra, y tal vez un mes tras otro.

Es fácil imaginar que, en algún momento, un soldado indio señaló lo evidente: «El río Hidaspes no se puede cruzar ante nuestra oposi-ción. Alejandro va a mantener a su ejército en forma y con disciplina hasta el otoño y el invierno, cuando la nieve cubra el Himalaya y sea más fácil cruzar el río. Por lo tanto, es innecesario marchar frente al enemigo todos los días. Hemos localizado todos los posibles vados y podemos guarnecerlos con soldados o caballería (para que nos transmitan rápidamente el mensaje en caso de que intenten pasar a este lado) y con un elefante, cuyo olor evitará que su caballería cruce». El cuerpo de oficiales indio estuvo de acuerdo, y acuartelaron todos los vados. Eso es exactamente lo que pretendía Alejandro. Quería que Poros disminuyera su vigilancia. Alejandro solo podía conseguir que el ejército pasara al otro lado con un paso relativamente libre de obstáculos.

El paso en sí fue sencillo y astuto. El ejército había estado practicando en realidad una marcha silenciosa. Cada unidad había aprendido a caminar sin hacer ruido con sus corazas y armas. La tropa también localizó un camino que permitía a los hombres desplazarse hacia el norte sin ser vistos. La noche del artificioso paso del río, el ejército se dividió en dos y los que marcharon lo hicieron en silencio. Puesto que las marchas de los ejércitos levantan nubes de polvo, Alejandro escogió una noche de lluvia torrencial para mitigar aun más la preocupación del ejército indio por un posible paso nocturno. Finalmente, habría insistido en que se encendieran los mismos fuegos, manteniendo la rutina habitual. Un generoso dispendio de alcohol a aquellos que se quedaron en el campamento de Alejandro haría que los hombres se animaran y subieran la voz, de manera que los indios observarían el mismo número de fuegos y más o menos el mismo nivel de ruido que con el ejército completo, sin percatarse de la ausencia de la mitad de la unidad. Algunas fuentes dicen que un señuelo, disfrazado de Alejandro, desfilaba por el campamento ostentosamente, pero parece improbable por la necesidad de escoger una noche lluviosa para mitigar el polvo.

Sin pretenderlo, el ejército en marcha cruzó a una isla y no se percató del error al instante. Finalmente, cruzaron el río usando odres de cabra hinchadas o pequeñas balsas rellenas de paja para flotar mejor y compensar el peso de la coraza y las armas. El ejército de Alejandro, a continuación, se enfrentó al acuartelamiento local, mató tan pronto como fue posible al único elefante colocado allí por su olor, y lo enterró. Después, sus hombres trajeron los caballos. El ejército de Alejandro contaba con la ventaja de unos 200 barcos plegables.

El comandante de la caballería india (compuesta por unos pocos cientos de caballos), que era uno de los hijos de Poros, resultó muerto en la refriega.

Conclusiones y alegatos

El paso de un río no es simplemente eso. Es una oportunidad para adormecer al enemigo haciendo que caiga en una engañosa sensación de seguridad, de manera que no sea necesario luchar en seria desventaja. Marchar río arriba y río abajo al principio, sin intentar cruzar, fue una treta para reforzar la deducción plausible de que Alejandro estaba esperando hasta el invierno, lo que reformuló el problema, que pasó de la fuerza a la estrategia cognitiva del subterfugio.

Lecciones de liderazgo

Cuando se está envuelto en una guerra corporativa con el enemigo, a veces puede resultar de gran ayuda esperar a que el rival baje la guardia. Un ejemplo actual es el de la reciente batalla entre Polaroid y un competidor que lanzó una cámara de fotos de revelado rápido, en competencia directa con el mercado tradicional de Polaroid de películas y cámaras instantáneas. En lugar de buscar de forma inmediata una resolución judicial contra la competencia por lo que, a todas luces, era una violación de patentes, Polaroid aguardó pacientemente hasta que el producto estuvo bien consolidado en el mercado, y entonces buscó una medida judicial. Finalmente, Polaroid ganó en los tribunales, recibiendo una indemnización de mil millones de dólares, y su competidor tuvo que retirar el producto del mercado. Si juegas con ventaja, deja que el enemigo comience su ataque. Como dijo Sun Tzu, sitúate en una posición en la cual no puedas ser derrotado y, después, espera a que el enemigo te brinde la oportunidad de vencerle.

II. Ignorar los consejos conservadores

¿Quién recibirá tu beneplácito en caso de jubilación o fallecimiento? ¿Cómo funciona tu organización en cuestiones de planificación sucesoria? Cuando Alejandro subió al trono, no tenía ningún heredero. Sus consejeros le recomendaron prudencia: elige una esposa, ten hijos, garantiza un heredero potencial. Sin embargo, Alejandro consideraba que era más importante pasar a la acción (invadir Persia). El riesgo era que surgiera el caos si Alejandro moría.

El reinado macedonio era un cargo «electo». Los herederos no pasaban a ser reyes automáticamente, sino que tenían que ganarse la aprobación del ejército, aunque los hijos del rey tenían bastantes posibilidades de llegar al trono. Por eso, si Alejandro no dejaba ningún heredero, Macedonia se enfrentaría a una tremenda confusión.

Justo antes de que Alejandro atravesara el Helesponto para invadir Persia, se emprendieron los preparativos para apoyar la campaña persa. Tradicionalmente, el rey pedía consejo a la nobleza. Una fuente histórica (Diodoro) afirma que dos de los consejeros más importantes de Filipo (el padre de Alejandro), Antípatro y Parmenión, alentaron enérgicamente a Alejandro para que encontrara una esposa y garantizara un heredero antes de partir en una campaña que podía ser muy larga. Por supuesto, si moría, la sucesión sería reñida.

Alejandro era un muchacho bastante impaciente (excepto en lugares como Tiro, donde fue sumamente paciente) e impetuoso (y siguió siéndolo durante sus campañas). Para un joven, este consejo resultaba demasiado precavido, por lo que fue rechazado de manera categórica. Un hombre joven obsesionado con la invasión no podía concebir una espera que podía durar años.

Conclusiones y alegatos

Alejandro reformuló el problema de la sucesión: en lugar de aceptar solo un heredero macedonio, cualquier heredero de *cualquier* princesa que fuese aceptable para Alejandro podría sucederle. Por supuesto, no podía *expresarlo* por miedo a perder el beneplácito de la corte mientras estaba ausente. Alejandro mostró que la sucesión podía ser importante, pero se negó a retrasar la invasión para garantizarla. Podía encontrar herederos durante la campaña (algo que los xenófobos nobles griegos no habían previsto). Nadie podía pensar que se casaría con una bárbara que le daría un heredero.

Lecciones de liderazgo

Es preferible una actuación desorganizada a una inactividad organizada. En ocasiones, los líderes escuchan a subordinados o confidentes leales que rara vez, por no decir nunca, se equivocan. A veces es prudente esperar y escuchar la recomendación de los consejeros. Pero otras, pedimos informes, queremos estudios de mercado o, para reforzar nuestras propias inseguridades, exigimos que se reduzca el riesgo, lo que a menudo resulta una ilusión. Ha quedado patente que las mejores compañías actúan con frecuencia de forma precipitada.

Un ejemplo básico de esta lección es Rubbermaid. En su punto álgido, cuando aún era una compañía independiente, Rubbermaid lanzaba 300 productos nuevos al año, con un índice de éxito del 90%, mientras que la competencia tenía un índice de éxito del 10% con menos lanzamientos de productos nuevos. La razón de que Rubbermaid tuviese tanto éxito durante tanto tiempo era, precisamente, que no seguía los protocolos habituales de *marketing*: grupos focales, mercado de prueba, etc. La compañía alentaba a sus ingenieros de proyecto, que pensaban en un producto de plástico de moldeo por inyección que usarían en casa o en cualquier otro sitio, a crear ese artículo y lanzarlo con el flujo torrencial de otros nuevos productos. La acción desorganizada de Rubbermaid era preferible a una inactividad organizada.

El modelo actual de recursos humanos en planificación sucesoria, que no es un proceso de última hora, está relacionado con la selección de herederos. A menudo no sabemos quién sería el mejor sustituto. Normalmente, reformulamos la decisión y pasamos de seleccionar al líder a escoger a los favoritos que van a competir en una carrera de liderazgo. Una lección es seleccionar con prontitud quién competirá en dicha carrera. (Sin embargo, anunciar la sucesión con demasiado anticipo puede tener efectos negativos: eliminación de una competición constructiva, pérdida de otros aspirantes valiosos y, ocasionalmente, insurrección.)

Ideas concluyentes sobre la reformulación de problemas

Llegados a este punto, espero que seas consciente del extraordinario poder de reformular problemas. Cuanto te enfrentas a un inconveniente que, aparentemente, no tiene solución, puedes reformularlo, resolver ese nuevo problema y eliminar el original. Es lo que llamo *desplazamiento del problema*. Esta técnica lleva empleándose miles de años, pero nunca se ha estudiado sistemáticamente ni se ha divulgado. Obviamente, no siempre funciona. Pero cuando los recursos son inadecuados, los objetivos demasiado grandiosos o la limitación de tiempo demasiado escasa, son indicadores de que, tal vez, eres *tú* el problema por haber aceptado la definición del mismo.

Fíjate en la variedad de acciones que Alejandro Magno empleó a la hora de reformular situaciones: coreografiar la batalla (en el río Hidaspes); usar la fuerza del enemigo contra él mismo (elefantes); aplicar tecnología sencilla (la longitud de las *sarissas*); utilizar agentes externos a la organización (Liga de Corinto); no destruir al enemigo para convertirlo en un aliado (Atenas); quemar los carromatos (para ganar movilidad); fundar ciudades (con el fin de infundir seguridad y crear comunidades a las que retirarse); redefinir el motín (como cuando Alejandro dijo que volver a casa era idea suya); mirar al mar y ver tierra (en Tiro); perseguir al enemigo (en cualquier sitio); usar el engaño (para cruzar el río Hidaspes); y actuar sin organización (iniciando la invasión de Persia sin un heredero). En perspectiva, los desenlaces parecen casi inevitables. Pero no lo eran. El éxito llegó gracias a la impresionante habilidad de Alejandro para reformular problemas. Te preguntarás cómo puedes usar un abanico tan simple de acciones para derrotar a tu competidor y, de hecho, es una buena pregunta.

La reformulación y el desplazamiento del problema son poderosas herramientas para la planificación en cualquier nivel de una organización. El primer paso en un plan estratégico, táctico o funcional es tener claros los objetivos, llamémosles visión, misión, objetivo o meta. Si marcamos metas demasiado modestas, puede que las alcancemos y que todo el mundo quede contento. Pero es posible que hayamos puesto demasiado dinero sobre la mesa. Una concepción mayor podría haber sido fantástica para la organización.

Un obstáculo habitual a la hora de reformular con éxito es la capacidad del líder para concebir un plan. Hay un principio muy conocido que afirma que si puedes concebir algo y eres capaz de creer en ello, lo puedes conseguir. La idea es que los grandes líderes son capaces de concebir cosas que otros, posiblemente, consideran impensables, como el movimiento feminista, el movimiento ecologista, el desarrollo de los ordenadores portátiles o de mano, o de los aviones espaciales, la erradicación de la pobreza o el objetivo de la paz mundial. Si se puede concebir y el líder está convencido de su autenticidad, de su factibilidad para ser creado y de su valor, entonces se puede lograr. La inversión es sencilla. Si no puedes concebir algo, es poco probable que tu organización pueda conseguirlo. Concebir, creer y conseguir son elementos esenciales a la hora de reformular. Sin ellos, es imposible el éxito. Según mi experiencia, la gente y las organizaciones son capaces de hacer mucho más de lo que muchos líderes creen. En esos casos, los líderes se convierten en el obstáculo. Reprimen a la organización. No seas el problema. Concibe la solución, cree en ella y lógrala.

Segundo proceso de liderazgo: Crear alianzas

La construcción de sólidas alianzas mediante la reciprocidad se ha convertido en una estrategia esencial para los líderes modernos. Asimismo, la construcción eficaz y deliberada de alianzas también era extremadamente importante para los líderes de la antigüedad. Alejandro creó alianzas durante toda su vida, entablando a la perfección importantes relaciones con individuos, organizaciones, ciudades y pueblos. Estas alianzas cambiaron el mundo ante el cual, posteriormente, reaccionó. En cierto modo, se puede argüir que Alejandro era un conquistador, simple y llanamente. Sin embargo, en numerosas ocasiones, prefirió las alianzas a las conquistas, e invitar a colaborar al enemigo en lugar de destruirlo.

12. Repercusiones de la batalla del río Hidaspes

Hoy en día cuesta imaginar la diversidad del Imperio Persa. Mantenerlo unido, especialmente a medida que se iba ampliando, era un gran reto para Alejandro. Los persas nunca habían sido capaces de proveer una frontera segura con la India excepto a través de inestables treguas militares.

La situación estratégica tras la derrota de Poros, el rey indio, cambió completamente los posibles límites orientales. Nunca antes habían logrado los persas una victoria significativa contra los indios.

Poros acababa de ser testigo de la aniquilación de su ejército. Perdió a dos o tres de sus hijos. Sin sus soldados, había perdido claramente su reino. Estaba herido. Como *mahout*, se alejó a lomos de su elefante con una increíble sensación de derrota y de pérdida. Tuvo que ser todo un cuadro: alto, extremadamente apuesto según las crónicas, moreno, con barba y a lomos de un elefante blanco. Al verlo alejarse, Alejandro reunió algunos caballos indios que podían estar con elefantes y persiguió al derrotado rey. Lo alcanzó, lo detuvo y se enfrentó a él con una cuestión. Existen discrepancias sobre cuál fue la pregunta exacta, pero sea cual fuere, la respuesta de Poros dejó profundamente impresionado a Alejandro. Imaginemos una versión de esta conversación: Alejandro pregunta: «¿Cómo debo tratarte?» Poros, con gran aplomo, contesta: «Mátame, o trátame como el rey que soy». (Fíjate en que Poros no utiliza el tiempo pasado *fui*.) En otra de las versiones, Alejandro pregunta qué debe hacer con Poros, a lo que este responde: «Soy rey». A la pregunta de qué es lo que quiere, Poros contesta que la palabra *rey* contiene toda la información que Alejandro necesita. En cualquiera de los casos, a Alejandro le impresionó tanto la templanza y la respuesta de Poros (fuese la que fuese) que le prometió mantener su reino intacto (e incluso lo amplió). Poros se sentía tan en deuda, que sus herederos se mantuvieron leales a los sucesores de Alejandro durante generaciones.

Conclusiones y alegatos

Alejandro reformuló la situación y, en lugar de tener que ocupar las tierras conquistadas, consiguió un importante aliado. Esta sería la alianza más duradera de toda su campaña.

Lecciones de liderazgo

«No quiere fuerza el don de la clemencia: es cual la blanda lluvia que del cielo baja benigna a fecundar el campo . . . »[1] Un converso se convierte a menudo en un seguidor declarado. Tanto si se trata de un alcohólico rehabilitado, como de un converso religioso o de alguien que descubre el poder de la producción ajustada o de la mejora continua de la calidad, puede llegar a ser un incondicional. Ellos pueden cambiar el mundo. ¿Cómo consiguen crear fanáticos los líderes modernos? El compromiso al estilo japonés de trabajar toda la vida, el programa de abundantes beneficios de Ben & Jerry's, los extremos a los que Nike llega por sus empleados y los beneficios sociales de los que disfrutan muchos trabajadores europeos han creado fanáticos. Estos ejemplos son también manifestaciones de liderazgo. Cuando un líder en ciernes comete un error no deliberado pero aprende de él de manera evidente, concederle una segunda oportunidad es una ocasión más para hacer gala de grandes dotes de liderazgo. Este tipo de magnanimidad y confianza hace que la indiferencia se convierta en lealtad. Atraer a los líderes al redil de la compañía tras una adquisición o una fusión, cuando en realidad esperan ser despedidos o marginados, también los transforma en adeptos, aunque puede distanciar a otros que deseen esos mismos puestos.

13. Prisioneros reales

Cómo manejar las adquisiciones es una cuestión crítica debatida por líderes como Sun Tzu y Maquiavelo. ¿Aplastar o cuidar? ¿Adoptar o eliminar? A veces, algunas adquisiciones características o específicas se cruzan en nuestro camino en forma de recursos humanos.

Alejandro derrotó al ejército persa en Issos, su segunda gran batalla, en la costa donde las tierras montañosas de Anatolia alcanzan Fenicia. Tras la batalla de Issos, el ejército se hizo con la caravana de carromatos persa que transportaba todas las posesiones reales y a la familia de Darío. Entre los rehenes se hallaban la esposa y la madre del rey, su harén, numerosos esclavos y artículos domésticos. Las opciones de las que disponía Alejandro incluían, al menos, las siguientes. Podía haber tratado a la familia como una propiedad, entregándolos para uso y disfrute del ejército o vendiéndolos. Podía haberlos devuelto a Darío, en un gesto de magnanimidad suprema que, hoy en día, seguiría sorprendiéndonos. Podía haber hecho que los mataran ipso facto. Podía haber pedido un rescate por ellos. ¿Qué hizo? Los retuvo, se ganó su amistad y les permitió conservar su estatus real. Al final, se convirtió en un buen amigo de Sisigambis, madre de Darío, y más tarde se casó con la hija mayor de este, Barsine, que posteriormente adoptó el nombre de su madre, Estatira, y que ayudó a consolidar la identidad de Alejandro como rey persa.

Conclusiones y alegatos

¿Por qué fue este un acto virtuoso? ¿Porque la reina era un rehén excepcional? ¿Porque con ella consiguió mayor influencia sobre Darío? ¿O, simplemente, Alejandro se veía como un héroe que tenía la obligación de tratar a Sisigambis con magnanimidad? Cualquiera que fuese el motivo o el razonamiento, este incidente ha llegado hasta nuestros días como una de las historias más elocuentes acerca de Alejandro.

Lecciones de liderazgo

En la actualidad, cuando adquirimos una compañía, podemos exigir una aparente conformidad a nuestra cultura, normas y políticas, aunque esto no implica un compromiso interno. Sin embargo, es este compromiso interno el que realmente cuenta a largo plazo. Por eso, ¿cómo podemos engendrar ese compromiso? Si una compañía es reiteradamente justa e incluso magnánima con los empleados de las compañías adquiridas, es más probable que lo consiga. Los futuros empleados adquiridos junto con su compañía recibirán el mensaje veraz de que a ellos también se les tratará de manera justa. La justicia hará que sean más cooperativos, tanto durante las diligencias debidas (conseguirás datos mucho más precisos) como después de la fusión. Tal vez esa fue la razón por la que Alejandro se ganó la amistad de Sisigambis.

Un ejemplo actual de los beneficios de ganarse el compromiso de los empleados es cómo los bancos, en periodos de rápida adquisición posteriores a la desregulación, gestionaron la conciliación de las distintas políticas de cada institución (p. ej., escalas salariales, beneficios, cargos, etc.). Cuando la conciliación se llevó a cabo en beneficio de todos los empleados, estos pasaron a convertirse en fanáticos de sus empleadores, lo que ayudó a mejorar un servicio bancario de atención al cliente. Cuando se adquirieron especialistas altamente remunerados, sin embargo, fueron tratados como lo que eran, extraordinarios recursos humanos, y se les permitió mantener sus escalas salariales privilegiadas y otros beneficios. ¿La lección? Trata bien a los rehenes de la realeza.

Por otra parte, ¿cuándo es más efectivo el concepto que Alejandro practicó en Turquía («saquear, quemar, destruir y difundir las noticias»)? (Véase capítulo 4.) Ambos conceptos cambian la realidad ante la que posteriormente respondes (promulgando el mundo). Sin embargo, aplicar el enfoque correcto requiere maestría. En un principio, con recursos limitados, Alejandro no tenía otra opción. Más avanzada la campaña, barajó sus alternativas y la magnanimidad se convirtió en una de ellas. El saqueo no crea alianzas, aunque puede reformular un problema. Al principio, la magnanimidad no habría funcionado a la hora de reformular o resolver el problema.

14. Matrimonio y liderazgo en un mundo multicultural

Al final de la campaña persa, Alejandro tuvo que abordar la manera de integrar diversos pueblos. Los soldados griegos se mostraron especialmente reacios porque, al parecer, consideraban que esta cruzada era estrictamente de conquista y no compartían ninguno de los ideales más nobles de Alejandro. Este, sin embargo, adoptó la vestimenta, las tradiciones y las costumbres de otras culturas. También se casó con personas de otras culturas. Una vez convertido en el rey de iure del Imperio Persa, se tomó muy en serio la creación de alianzas de los distintos pueblos del reino con griegos y persas.

Cuando Alejandro visitó Bactria y se hizo con la fortaleza llamada la roca Sogdiana, situada en lo alto de la colina, capturó al noble Oxiartes, cuya hija era una belleza excepcional llamada Roxana. En lugar de tomarla simplemente como botín de guerra, Alejandro se casó con ella, y se dice que se enamoró. (Curiosamente, durante todo su matrimonio nunca hablaron el mismo idioma.) Ella fue la única *esposa* que le dio un hijo varón y heredero, por lo que adquirió bastante importancia en el panorama bactriano. Aunque esta unión hizo que se ganara el cariño de los locales, lo distanció de los macedonios, porque Roxana era considerada una bárbara. Eso implicaba que el hijo de Alejandro, si vivía para heredar, sería también medio bárbaro.

En Susa, en el año 324 A.C., tuvo lugar un casamiento masivo entre unos 10,000 macedonios y mujeres asiáticas o persas que marcó el inicio de la integración real de las dos culturas, la griega y la persa. Alejandro ya había incorporado ministros, gobernadores, generales y soldados persas a su administración; se casó con una princesa bactriana; permitió que los gobernadores existentes continuaran en el cargo; pagó las dotes cuando sus soldados se casaron con mujeres locales; saldó todas las deudas de sus hombres; y adoptó personalmente el atuendo persa y algunas de sus costumbres. Aunque todavía

estaba casado con Roxana, contrajo matrimonio con otras dos mujeres: Estatira, que era la hija mayor de Darío III (el rey al que había
destronado recientemente y cuya muerte marcó el final de la dinastía
aqueménida), y con otra mujer persa.

Alejandro impulsó con firmeza una política de fusión multirracial.
Sin embargo, los soldados de a pie estaban radicalmente en contra.
Su racismo fue el inicio de otra revuelta más. No querían una raza
mixta de administradores y generales, y tampoco lo querían los líderes macedonios, si tenemos en cuenta el hecho de que, tras la muerte
de Alejandro, solo un noble griego seguía casado con una mujer persa.
La gota que colmó el vaso fue la llegada de 30,000 soldados persas,
entrenados al estilo macedonio y bien equipados, que se unieron al
bloque del ejército. Esto suponía una afrenta tan grave para los macedonios, que se «sublevaron» en Opis. La respuesta de Alejandro fue
intentar apaciguarlos con la oferta de que los veteranos heridos, así
como aquellos que hubiesen servido durante el debido tiempo, serían
libres para regresar a Grecia. Sin embargo, la oferta fracasó porque las
tropas lo consideraron un insulto y supusieron que Alejandro pretendía sustituirlos, despreciando así su lealtad y su servicio. Los líderes
amotinados emergieron y amenazaron con llevarse todo el ejército
griego a casa. Alejandro, que «echaba chispas», se recluyó en su tienda
y, entonces, comenzó a asignar a persas para los rangos de oficial.[2]
Cuando se percataron de lo que habían hecho, las tropas se congre-
garon ante Alejandro y suplicaron su perdón. El prolongado discurso
que provocó esta respuesta es una obra maestra; solo por ello, merece
la pena leer a Arriano.[3]

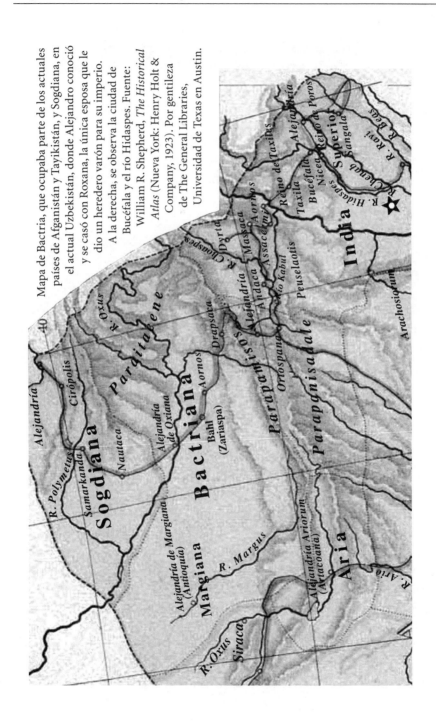

40   Mapa de Bactria, que ocupaba parte de los actuales países de Afganistán y Tayikistán, y Sogdiana, en el actual Uzbekistán, donde Alejandro conoció y se casó con Roxana, la única esposa que le dio un heredero varón para su imperio. A la derecha, se observa la ciudad de Bucéfala y el río Hidaspes. Fuente: William R. Shepherd, *The Historical Atlas* (Nueva York: Henry Holt & Company, 1923). Por gentileza de The General Libraries, Universidad de Texas en Austin.

Tras el fallecimiento de Alejandro, durante las guerras por la sucesión, Roxana y su hijo fueron asesinados de forma casi inmediata.

Conclusiones y alegatos

Alejandro proyectó un liderazgo ejemplar en un mundo multicultural. En este ejemplo, reformuló el problema (motín) imponiendo oficiales locales (una reformulación administrativa no punitiva). Se salió con la suya y logró integrar a griegos y persas, a pesar de la resistencia de todos los soldados griegos. El efecto de la medida adoptada por Alejandro fue como si Martin Luther King y otros líderes de derechos civiles hubiesen conseguido en un solo día la Ley de Derechos Civiles.

Alejandro fue consciente y actuó en base al hecho de que el simbolismo (en la vestimenta, las actitudes, el matrimonio, etc.) fomenta una identidad compartida. Los símbolos ayudan a forjar un significado común que favorece la unidad y construye alianzas. El matrimonio es posiblemente el máximo símbolo de la creación de alianzas.

Lecciones de liderazgo

La fusión y la adquisición son solo dos formas de establecer alianzas y de hacerse con el control del territorio o de las organizaciones. A menudo son medidas transitorias (sustituidas por mejores acuerdos). Si una filial de la adquisición que constituye nuestro objetivo no se ajusta al modelo de negocio de la nueva entidad, se vende.

Otros tipos de alianza, como el matrimonio, pueden ser más duraderos. De hecho, puede que esta sea la forma de garantizar la supervivencia. El matrimonio es un *símbolo* de la creación de alianzas, y los símbolos, y no la fusión en sí misma, pueden ser clave para ellas. Por ejemplo, cuando America Online (AOL) y Time Warner se fusionaron, eran prácticamente iguales. Solo unos años más tarde, cuando la promesa de AOL parecía no dar fruto, se suprimió del nombre corporativo y se convirtió en otra filial de Time Warner. Comparemos este ejemplo con el hecho de tener un Starbucks en cada tienda Barnes

& Noble. Se trata de una unión simbólica, no de un matrimonio ni de una fusión.

La integración es fundamental. La realidad es que nuestro mundo es multicultural y lo será aun más. Habrá algunos que se resistan a la integración, viéndose a sí mismos como conquistadores. Sustituir a los «macedonios» por «persas» puede dar la apariencia de integración, pero no conquista los corazones de los racistas. O lo que es lo mismo, ayuda a conseguir conformidad aparente, pero no compromiso interno. El liderazgo puede marcar la diferencia, y cada situación es distinta. Las amenazas son poderosas, pero las acciones lo son más.

Cuando dos compañías de seguros se fusionaron, se unificaron las oficinas centrales de la empresa y el poder quedó compartido. El gerente general de una de las compañías tomó las riendas de la entidad fusionada, y el otro asumió el cargo de presidente. Con la jubilación del gerente general, el presidente se hizo con el control y decenas de altos directivos fueron barridos de sus cargos o bien se marcharon por sus propios motivos. La balanza se inclinó de nuevo hacia el otro lado una década más tarde, cuando uno de los protegidos del primer gerente general asumió el mando. Finalmente, ambas culturas, que eran radicalmente distintas, se mezclaron. La integración de culturas en el sector corporativo estadounidense puede tardar fácilmente más de una década.

Hemos visto que la oferta de jubilación anticipada de Alejandro fracasó inicialmente, lo que demuestra algo obvio: en las fusiones, piensa cómo poner en práctica varias estrategias antes de actuar. Anticipa reacciones contrarias a lo que deseas que ocurra.

15. Batalla de Gaugamela

Te preguntarás cómo puede crear alianzas la destrucción de un ejército. La cultura griega y la persa no podían fusionarse mientras fuese posible formar un ejército persa. A veces es necesario destruir para construir.

Después de ganar las batallas de Gránico e Issos, conquistar Tiro y, a continuación, pasar el invierno en Egipto, Alejandro barrió en dirección al este, hacia el corazón de Persia (lo que hoy en día es Irán e Iraq). Cuando llegó la primavera del año 331 a.c., Darío había reunido un formidable ejército, de cuyo tamaño los autores antiguos han dado cuenta erróneamente con fines propagandísticos. Se sabe que era mucho más grande que el ejército griego porque, en la batalla, el flanco persa sobrepasaba bastante al de Alejandro.

Al llegar al campo de batalla, nivelado de forma artificial, los soldados de Alejandro se enfrentaron a un ejército agotado por haber permanecido toda la noche en posición de guardia, esperando el momento de entrar en acción. La batalla se dispuso en una línea oblicua, para que el ejército griego, más pequeño, tuviese la oportunidad de originar y explotar una brecha en el frente, y eso es exactamente lo que hizo Alejandro. Él y sus Compañeros (la caballería de élite) fueron personalmente tras Darío desde el campo de batalla (un relato hecho famoso por la imagen del mosaico de las baldosas del suelo en Pompeya), provocando una huida generalizada del ejército persa a pesar de que este era mucho más numeroso. La persecución de la desbandada continuó hasta bien entrada la noche. (Las cifras de víctimas varían; en un extremo, se habla de que Alejandro perdió 500 soldados mientras que Darío tuvo 100,000 bajas, lo que sostiene más aún la extremada disparidad entre ambos ejércitos en cuanto al tamaño.) Darío escapó, pero fue asesinado más tarde por sus propios generales, tal y como veremos en la lección 25 del capítulo 3, «La muerte de Darío». El ejército capturó casi todos los efectos personales de Darío en la ciudad de Arbela.

Conclusiones y alegatos

Después de Gaugamela, los persas nunca volvieron a formar un ejército contra Alejandro. La derrota fue tan humillante que jamás volvieron a reagruparse. El destino de Darío que, junto a los que lo acompañaron en su huida, fue perseguido incansablemente por parte de Alejandro, supuso el fin de la dinastía aqueménida.

Lecciones de liderazgo

No soy de los que recomiendan alegremente el despido masivo para garantizar un cambio de cultura, sin embargo, a veces la deconstrucción es la única manera de iniciar una fusión. Acaba siempre el trabajo. Una mano de obra herida y humillada es peligrosa (elimina la división o intégrala en tu organización, pero no dejes el trabajo sin acabar). Cuando no se consigue atraer dentro de la nueva cultura a los que se resisten, debes eliminarlos o encontrar la forma de esquivarlos. Por ejemplo, General Motors (GM) halló una resistencia extrema por parte de sus trabajadores motivada por décadas de malas relaciones. No se podía «echar» a los sindicatos, así que GM creó una nueva división, Saturn, que permitió establecer nuevas reglas de trabajo, una nueva cultura y una nueva línea de automóviles.

La idea de crear alianzas mediante la deconstrucción no solo tiene lugar a nivel de organizaciones. A veces, los gobiernos tienen que actuar con mano dura cuando se trata de todo un sistema económico. Las tácticas de John D. Rockefeller en Standard Oil fueron tan perfectas a la hora de eliminar a la competencia y de crear un monopolio que, cuando los legisladores federales quisieron redactar un borrador de leyes antimonopolio, solo tuvieron que examinar la organización y la estrategia de Rockefeller y utilizarlas como guía para elaborar las leyes que ilegalizaban la mayoría de aquellas actividades. Para convertir la economía estadounidense en un terreno de juego justo para todos, era necesario deshacerse de las organizaciones que impedían la justa competencia. Hoy en día, Estados Unidos, y de hecho la mayor parte del mundo, cuenta con mercados «libres» de obstáculos gracias a barreras comerciales, leyes antimonopolio y limitaciones sobre operaciones cooperativistas como los cárteles. El consiguiente escaparate de alianzas ha creado riqueza mundial a una escala nunca antes imaginada.

Ideas concluyentes sobre la creación de alianzas

Alejandro era un genio militar. Normalmente describimos a líderes militares que son conocidos por su sagacidad en el campo de batalla. Pero Alejandro será recordado también por sus habilidades en la construcción de un imperio. Estableció equipos, gobiernos y pueblos. Su perspicacia a la hora de construir alianzas no tiene parangón a lo largo de la historia.

Alejandro amplió el territorio de un rey derrotado después de haberlo vencido él mismo (ganándose la lealtad de Poros tras la batalla del río Hidaspes); se hizo amigo de la madre, la esposa y la hija de su enemigo (después de la batalla de Issos y al casarse más tarde con la hija); contrajo matrimonio con una persona que no hablaba su mismo idioma (la princesa bactriana Roxana, que le dio el único heredero legítimo varón); se dispuso a dejar que un «bárbaro» heredara el reino (el hijo que le dio Roxana); y persiguió a un rey desde el campo de batalla para iniciar una nueva dinastía (el mosaico de Pompeya, tantas veces reproducido, muestra esta escena de la batalla de Gaugamela). Una variedad de alianzas tan amplia ilustra una importante lección de liderazgo.

Un submarinista me dijo una vez que, a pesar de mi obsesión por Alejandro Magno, las alianzas y la cooperación son mucho más importantes en la planificación y la puesta en práctica de estrategias que las batallas y otras formas de competencia. Las alianzas con proveedores, distribuidores, representantes de fabricantes, clientes, gremios, organismos reguladores gubernamentales, organizaciones de estandarización y otras entidades similares marcan la diferencia entre el éxito y la excelencia. Cuando me di cuenta finalmente de lo esencial que fue para Alejandro la creación de alianzas, corroboré la afirmación del submarinista y la reconocí como el principio básico de la promulgación. La cuestión es la siguiente: ¿cuándo usar la zanahoria en lugar del palo, el placer en lugar del dolor y la magnanimidad en lugar del terror? Da igual cómo contestemos a esta pregunta; las alianzas cambian el mundo ante el que reaccionamos posteriormente, y hacen que sea más fácil dirigirlo.

Las alianzas se producen en todos los niveles. Podemos crear una alianza con individuos: empleado-jefe; esposa-marido; protegido-discípulo; asesor-cliente; vendedor-agente de compras; azafata de vuelo-pasajero; profesor-alumno; editor-autor. Podemos entablar una alianza con una organización: proveedor preferido, contrato de compra a largo plazo, *marketing* recíproco, estrategia de marcas compartidas, subvención de cofinanciación, aseguradora. O podemos establecer alianzas con entidades mayores: una compañía que se compromete a permanecer en una comunidad a cambio de ventajas fiscales; autoridades estatales que crean medios de transporte entre estados adyacentes; tratados entre países; alianzas militares; acuerdos comerciales; colegios y universidades que proporcionan titulados a las compañías de forma preferente a cambio de dinero, productos, becas u otros servicios.

En cualquier caso, si creamos una alianza, cambiamos el mundo en el que nos movemos. Puede que la alianza sea un cambio a corto plazo, o puede que sea de por vida.

Tercer proceso de liderazgo: Establecer la identidad

La identidad es un proceso esencial mediante el cual los miembros de las organizaciones alcanzan un acuerdo compartido y otorgan un significado común a sus actividades. Muchos estudiosos han manifestado que la identidad es un fenómeno construido socialmente. El proceso de desarrollo de una identidad crea unidad donde antes no la había. La identidad puede ser desarrollada por un individuo (p. ej., los adultos progresamos a medida que adquirimos más experiencia) o entre individuos (p. ej., transformando a extraños en una unidad coherente), ciudades (p. ej., haciendo que enemigos constituyan una liga) o pueblos (p. ej., creando un imperio). Como se muestra a continuación, Alejandro manipulaba a menudo el desarrollo de la identidad entre sus propias tropas e incluso entre los súbditos conquistados.

Este proceso sucede, como mínimo, en dos niveles que, a su vez, están interrelacionados. Primero, todos creamos nuestra identidad personal, comenzando desde la niñez. El presente capítulo, así como los anteriores de este libro, tratan sobre quién era Alejandro o en quién se estaba convirtiendo. Por otra parte, como líderes, establecemos la identidad de nuestra organización (o de nuestro grupo político). La mezcla tiene lugar cuando los dos procesos ocurren al mismo tiempo. En la última parte de este capítulo se examinan las identidades organizativas, culturales y nacionales.

16. Sucesión

¿Quién era Alejandro? ¿En quién se convertiría? ¿Tendría un reino desde el que comenzar su carrera? Aparentemente, buena parte de lo que Alejandro quería en la vida dependía en primer lugar de su sucesión como rey de Macedonia.

La esposa «principal» de Filipo, Olimpia, era la madre de Alejandro. Sin embargo, Filipo tuvo ocho esposas y muchos hijos legítimos e ilegítimos. A pesar del número de hermanos, Alejandro fue educado en la creencia de que él sería el heredero del reino de su padre. Por ejemplo, desempeñó un papel clave como teniente en el ejército de Filipo, y fue educado (por Aristóteles, entre otros) para ser rey.

Con motivo del último matrimonio de Filipo, con una mujer llamada Cleopatra (también conocida como Eurídice), Alejandro oyó por casualidad al tío de esta, uno de los generales de Filipo, que invocaba una bendición divina para que aquella unión resultara en un heredero legítimo. Alejandro, que aún no había cumplido veinte años, estalló de ira provocando que su padre blandiera una espada contra él. Alejandro salvó la vida solo por la tremenda borrachera de Filipo. Después del suceso, Alejandro y Olimpia fueron expulsados de la corte y la sucesión fue puesta en duda. Tras el asesinato de Filipo, madre e hijo se enfrentaron a todos para conseguir que Alejandro ascendiera al trono.

En Macedonia, las luchas internas eran la norma. A su regreso del exilio, Alejandro ordenó que todos los oponentes reales al trono, incluido su primo, fueran asesinados (o los asesinó él mismo). Casi con total certeza, Olimpia eliminó a la última esposa (Cleopatra, cuyo tío había provocado el exilio) y a su hija pequeña, y permaneció en Grecia durante la posterior campaña ayudando a que la alianza permaneciera unida, gobernando prácticamente en nombre de Alejandro y manteniendo una vigilancia leal.

Después de la muerte de su padre, Alejandro confirmó la conveniencia de su ascenso continuando con las políticas de Filipo. Primero convocó la Liga de Corinto y los convenció para que lo eligieran como sucesor de su padre (como *hegemon*). A continuación, sofocó las revueltas en el norte (en Tracia, Iliria y en el Danubio) y regresó para enfrentarse a una revuelta en Tebas.

Conclusiones y alegatos

En este caso, dada la importancia capital de ser rey, Alejandro esperó el momento oportuno. Fue paciente donde otros habrían actuado tal vez de forma precipitada o inapropiada. Cuando surgió la oportunidad, actuó con decisión y prontitud.

Lecciones de liderazgo

Muchas compañías carecen de planes sucesorios sólidos en todos los niveles de la organización. La falta de un plan de sucesión acordado puede llevar al caos. A menudo, el proceso de sucesión no está carente de complicaciones y requiere un cambio estructural para adaptar distintos estilos de dirección. Sin planes consolidados, los que ascienden a la posición de liderazgo más alta frecuentemente chocan, en detrimento de la compañía, con otros altos directivos.

Otra lección que se desprende es que a veces debemos aguardar el momento oportuno. Las fuerzas políticas pueden colocar o retener a nuestros competidores directos en posiciones que bloqueen nuestro inevitable ascenso. Es algo habitual en la política y en todo tipo de organizaciones, por lo que esta es una importante lección para todos nosotros.

17. Matar a tu amigo de la infancia

Lo que somos cambia drásticamente con el paso del tiempo. Los buenos líderes observan con atención estos cambios, o incluso los controlan. A medida que cambia nuestra identidad, también deben transformarse la forma en que la manifestamos al exterior, nuestro lenguaje corporal y la manera de comunicarnos.

Alejandro había completado la conquista de Persia, se había convertido en rey tras la muerte de Darío y se encontraba sometiendo a las distintas tribus orientales que representaban una plaga para Persia y se negaban a reconocer su supremacía.

En Samarcanda, Alejandro se emborrachó, algo que ocurría con bastante frecuencia, durante un banquete religioso. Hay que tener en cuenta que Alejandro no bebía agua, sino que tomaba vino sin cesar todos los días. Era algo habitual, pero la mayoría de la gente diluía el vino con agua («purificándola»). Puesto que no rebajaba el vino, Alejandro vivía todo el tiempo, básicamente, borracho. Una borrachera implicaría incluso un consumo bastante mayor y, probablemente, una mayor embriaguez. Durante este banquete, algunos aduladores comparaban a Alejandro y sus logros con distintos dioses, y uno de los lisonjeros afirmó que Alejandro había superado a su propio padre, Filipo II. Clito, un amigo de la infancia que incluso le había salvado la vida a Alejandro en Gránico, estaba al parecer harto de las maneras persas de Alejandro y de tanta adulación. Clito, ebrio, emprendió una diatriba contra él. A Alejandro no le sentó bien y atacó a su amigo. Los demás intentaron detenerlo; sin embargo, la diatriba continuó y Alejandro, furioso, atravesó el corazón de Clito con una lanza, provocándole la muerte.

Una de las versiones afirma que Alejandro estaba tan arrepentido que inmediatamente intentó quitarse la vida. Otras dicen que se encerró en su tienda y se negó a comer durante una semana. Cualquiera que fuese la respuesta, mató a un buen amigo bajo los efectos del alcohol.

Conclusiones y alegatos

No hay excusa ni justificación que pueda atenuar la naturaleza demoníaca de esta bestia. Parece que, a medida que Alejandro envejecía, necesitaba una *mayor* reafirmación de su grandeza, a pesar de sus logros sin precedentes. Quizá esta necesidad deje entrever una grandeza menor, pero de la que es posible aprender. La literatura sobre liderazgo señala que la adversidad ayuda a crear grandes líderes. Sin pretender restar importancia al incidente, él *es* conocido como Alejandro Magno y *no* como Alejandro el Perfecto.

Lecciones de liderazgo

Distintos escritores y lectores podrían extraer de este incidente algunas lecciones formales y otras que no lo son tanto: ten cuidado con los aduladores; la impulsividad no suele acabar bien; algunas acciones son irreversibles; no bebas en exceso; y evita atravesar el pecho de un amigo con una lanza.

Sin embargo, como educador de miles de líderes y preparador de gerentes generales, directores ejecutivos, socios gestores y demás líderes titulados, opino que una lección universal es la de conocerse a sí mismo. La gente cree que se conoce, pero cambian con tanta rapidez que este conocimiento, a pesar de tratarse de sí mismos, rara vez ocurre en tiempo real. Por ejemplo, enterrar a un padre, a un hermano, a una esposa o a un hijo nos cambia. Todos conocemos a adultos inmaduros que, sin ser conscientes de ello, siguen resolviendo algunos asuntos de su pasado y puede que nunca terminen de hacerlo. Muchos líderes buenos tienen un determinado punto ciego respecto a sí mismos; solo hace falta preguntar a sus esposas, hijos o iguales.

Es casi imposible citar un ejemplo actual concreto que no sea trivial, porque la verdadera inspiración tiene lugar en privado, no en público. Sin embargo, Lance Armstrong sobrevivió a un cáncer testicular y continuó luchando hasta ganar en cinco ocasiones el Tour de Francia. Franklin D. Roosevelt padeció la peste. Ulysses S. Grant era alcohólico. A menudo, los grandes líderes guardan sus propios demonios en el interior. Casi todos los líderes de éxito han sufrido sus propias adversidades que los definen (al menos temporalmente).

Uno de mis grandes retos como educador es mostrar que la consciencia de uno mismo no se corresponde con el autoconocimiento. Aprender quiénes somos y quién queremos ser son dos de las tareas más difíciles de un líder (consciencia de uno mismo). Sin duda, el homicidio redefinió a Alejandro, tanto para sí mismo como para sus compatriotas. Conocerse a fondo es vital para evitar una tragedia semejante. Aprender de tragedias similares es doloroso, pero necesario.

18. Héroes

El objeto de nuestra franca admiración dice mucho de nosotros. Ayuda a establecer nuestra identidad (es decir, quiénes somos). Las acciones que emprendemos para mostrar nuestro respeto por esos héroes también son bastante reveladoras. Compara los héroes de alguien que colecciona reliquias deportivas con los de una persona que colecciona mapas antiguos singulares.

Alejandro deseaba comenzar su campaña con tan buenos auspicios como fuese posible. Allí donde iba, hacía los sacrificios necesarios para dar la imagen de liberador, no de conquistador, y para hacer ver que no suponía ninguna amenaza para los locales.

Cuando Alejandro se adentró en Asia, cerca del emplazamiento de la antigua Troya, llevó a cabo varias acciones en reconocimiento a sus héroes, empezando por Homero. Por ejemplo, fue el primero en desembarcar y clavar su lanza en la tierra, lo que significaba que aquel era un territorio «ganado a punta de lanza». Se dice que rindió homenaje a las tumbas de todos los héroes de la Guerra de Troya, especialmente a Aquiles, Áyax y Príamo. Incluso se molestó en visitar el templo de Atenea en Troya para mostrar aun más su devoción. En particular, tomó del templo una armadura de la época de la Guerra de Troya, que portaban simbólicamente ante él cuando iniciaba una batalla. Qué mejor forma de dejar claro quién era y a quién emulaba y veneraba.

Todas las fuentes clásicas existentes mencionan la devoción que Alejandro sentía por Homero. Plutarco incluso relata que Alejandro dormía con una copia de la *Ilíada* bajo su almohada. No sabemos si esta es una afirmación cierta, pero el hecho de que sigamos hablando de ello hoy en día refuerza la identidad de Alejandro.

Conclusiones y alegatos

Imagina que te propones superar todos los logros de las personas más destacadas que te han precedido. ¿A quién pedirías consejo? Alejandro reconoció, incluso al final de su vida, que tenía que aspirar constantemente a una mayor grandeza.

Lecciones de liderazgo

Todo el mundo necesita un héroe. Hasta las figuras heroicas como Alejandro. El suyo era Homero y los héroes sobre los que este escribió. Alejandro fue el héroe de César, Augusto, Napoleón, Federico II el Grande, Luis XIV (el Rey Sol) y el de muchos otros.

¿Quiénes son tus héroes? ¿Por qué lees este libro si no es para aspirar a la grandeza? El hecho de que te molestes en leerlo sugiere que escoges a héroes grandiosos. Haz que los demás sepan quiénes son tus héroes y por qué. Estoy convencido de que una de las habilidades más importantes de un líder es narrar historias. Los relatos transmiten lecciones convincentes. Al elegir la historia, no solo puedes influir en la gente sino también en sus percepciones sobre ti mediante tu elección del líder y del relato. Deja que los demás sepan quiénes son tus héroes; puede que ayude a reforzar tu aspiración a la grandeza o, al menos, ayudar a ganar competiciones sucesorias.

19. La vida y la muerte

La manera en que morimos dice algo sobre quién fuimos. Alejandro fue un general que se preocupó verdaderamente por sus tropas. Se dice que conocía el nombre de 10,000 de sus soldados. Se le pudo ver con frecuencia ocupándose él mismo de las heridas de sus hombres, antes de dejar que atendieran las suyas propias. Compartió sus penurias durante la marcha. Su último acto, cuando ya estaba herido de muerte, fue despedirse personalmente de todos y cada uno de los miembros de su tropa. Podría decirse que su ejército era su identidad.

Alejandro murió en Babilonia a la edad de treinta y tres años, después de recorrer más de 16,000 kilómetros en tan solo unos diez años, de conquistar el mayor imperio que el mundo ha conocido jamás, de integrar pueblos diversos, de introducir el sistema monetario, de revolucionar la industria y el comercio y de promulgar un idioma y una cultura comunes, entre otros logros.

Poco después de que su mejor amigo, Hefestión, muriera en Ecbatana, el mismo Alejandro enfermó con fiebre. Cuando el final estaba próximo, su ejército pidió verlo y pasaron de uno en uno. Con cada soldado, levantó la cabeza e hizo una seña de reconocimiento con los ojos.

A pesar de los testimonios de la *Vulgata de Alejandro Magno* y de interminables especulaciones, no sabemos a ciencia cierta lo que causó la muerte de Alejandro. Fue bastante repentina, precedida tal vez por una abundante ingesta de alcohol (algo que no era nuevo para él). Durante las fiebres, se bañó en el río en repetidas ocasiones. Comió poco. Algunos especulan que no estaba muerto, sino en estado de coma, ya que su cuerpo no se descompuso durante semanas. Probablemente murió de una enfermedad tropical.

Se celebró un funeral increíblemente grandioso, pero lo más importante fue que se construyó un féretro, según Arriano, tan grande y majestuoso y con tanto oro que se convirtió de inmediato en una atracción turística. El féretro debía llevarse de vuelta a Pella, pero fue expropiado por Ptolomeo (uno de los Compañeros, amigo de la infancia y, según los rumores, hermanastro de Alejandro), que lo llevó a Alejandría, en Egipto, y fundó allí una dinastía. Infinidad de turistas, desde emperadores romanos hasta esclavos, visitaron el féretro durante siglos. Probablemente, Nerón lo robó para fundir su oro. El cuerpo de Alejandro desapareció sin dejar rastro. A finales del siglo XX, un arqueólogo griego encontró restos de escritos griegos en Siwah y arguyó que podía tratarse del lugar donde fue enterrado el cuerpo de Alejandro.

Conclusiones y alegatos

Alejandro era mortal, a pesar de que, durante su vida, fue considerado un dios. El féretro habría ayudado a consolidar su identidad y la de sus sucesores, y habría reforzado la unidad siendo mostrado por todo el imperio de regreso a Pella. Pero la ironía es un dios celoso: resultó que el cuerpo de Alejandro, al ser robado por Ptolomeo, contribuyó en realidad a que el imperio se desintegrara inmediatamente después de su muerte.

Lecciones de liderazgo

Al final, todos somos mortales. Buda lo expresó mejor que nadie: «Estamos muriendo desde que nacemos». Reconocer este hecho mientras seguimos vivos puede alargar o mejorar el tiempo que nos quede. El que tu muerte sirva para algo probablemente dependa de tu testamento y de la fiabilidad del albacea. ¿Cuál es el legado real y perdurable que dejaremos atrás: un féretro de oro, ciudades, conocimiento, una reputación, un ejército o una civilización unida?

Supongo que todo este libro gira en torno a las preguntas de «quién eres» y «para qué quieres que sirva tu vida».

20. Veneración por los predecesores

Rendir homenaje, afiliarse a los predecesores en estima, revivir luga-res venerados, citar de forma sincera los discursos de otros, copiar el atuendo, los gestos o los símbolos admirados . . . Todas estas acciones pueden magnificar poderosamente tu fama, prominencia e identidad.

Después de que Alejandro hubiese derrotado a los persas en tres oca-siones en importantes batallas, Darío III había emprendido la huida. Alejandro detuvo su búsqueda para ocuparse de un asunto simbólico que ayudó a fomentar su identidad persa y la suya propia.

Pasargada había sido la ciudad regia de la dinastía aqueménida desde tiempos inmemorables. Cuando Alejandro la visitó, descubrió que habían profanado la tumba de Ciro el Grande y autorizó, ordenó de hecho, que fuese restaurada.

Solo podemos inferir lo que pasaba por la mente de Alejandro, pero no está de más hacer unas cuantas conjeturas. Primero, tal vez estuviera simplemente respetando la prerrogativa real. La forma en que gestionó tanto del cuerpo de Darío como la restitución de Poros (véase capítulo 2 sobre las repercusiones de la batalla del río Hidaspes) refuerza esta hipótesis, aunque es poco probable si se tiene en cuenta el trato que dio a los demás. En segundo lugar, anticipando su propio fallecimiento, puede que Alejandro estuviera preparando el terreno para su propia posteridad (a pesar de lo irónico del secuestro de su cuerpo). En tercer lugar, es posible que tratara de congraciarse aun más con los persas para ayudar a mantener su legitimidad.

Conclusiones y alegatos

Aunque Alejandro era un alcohólico, un asesino de sus amigos y de personas inocentes y un paranoico, tenía una vena magnánima que fue muy útil para él y para su historia. Ocupándose de *todas* las fami-lias reales impulsó su legitimidad y su identidad propias.

Lecciones de liderazgo

Los líderes saben cómo no ridiculizar, culpar, censurar o burlarse de sus predecesores. Puedes distanciarte de sus políticas, de su estrategia, de su visión y de su cultura, pero hazlo sin criticar directamente a la administración anterior. Sin embargo, la lección adicional que se extrae de esto es que, venerando a los predecesores, especialmente a los que lo merecen, les restas parte de su prestigio (se podría decir que es un robo perceptivo por asociación). Todos los emperadores romanos hallaron oportunidades para vincularse a sí mismos con distintos predecesores. Los líderes modernos suelen emular a Alejandro.

21. Transporte

En la época actual, la gente se obsesiona con el coche que conduce. Los líderes sensatos saben que la única obsesión no es lo que los demás piensen, sino lo que pensamos de nosotros mismos; es decir, quiénes somos. Los accesorios externos refuerzan lo que los demás creen.

Incluso cuando era niño, Alejandro se hacía valer de forma memorable. Su padre adquirió un caballo sobre el que nadie podía cabalgar y se lo ofreció a Alejandro, siempre y cuando fuese capaz de montarlo.

Alejandro domó a aquel enorme caballo negro que ni siquiera su padre lograba calmar. Cuando Alejandro lo consiguió, Filipo le obsequió con el caballo, que permaneció a su lado en todas las campañas hasta su muerte, en Asia central. Lo llamó Bucéfalo. El animal permitió a Alejandro cabalgar siempre a la cabeza en la batalla, estar visible en todo momento y ser el primero entre sus Compañeros, la caballería de élite formada por nobles griegos. Cuando Bucéfalo murió, se celebró un importante funeral en su honor y se fundó una ciudad en el lugar de su muerte.

Conclusiones y alegatos

Cuando Alejandro era joven, casi un niño, lograba aquello en lo que otros, siendo adultos, habían fracasado. Domar y montar a una gran bestia ayudó a forjar la imagen y la identidad de Alejandro a una edad muy temprana. ¿Qué significa esto para nosotros? Si no hemos tenido éxito al final de nuestra infancia, ¿no lo tendremos nunca? No, por supuesto que no.

Lecciones de liderazgo

¿Cuál podría ser el equivalente actual de un maravilloso corcel «indomable»? ¿Un coche magnífico, un barco, el mobiliario de la oficina, una casa, una esposa? El equivalente más próximo hoy en día es comprarse un coche caro, aunque no es ni mucho menos tan poderoso como Bucéfalo para la creación de identidad. Los símbolos ayudan a potenciar la identidad. Pero el símbolo de una persona es la identidad de otra. Los líderes sensatos solo utilizan símbolos para manipular las percepciones de los demás en beneficio propio. Un ejemplo podría ser llevar al trabajo un coche modesto y reservar el más llamativo para uso privado.

Todos conocemos a gente que conduce coches espectaculares y que se los puede permitir. Sin embargo, a menudo esto hace que, irónicamente, empeore nuestra percepción de ellos. Lo único que hacen es alardear de forma ostentosa de su riqueza. También tenemos amigos que conducen coches que están por encima de sus posibilidades porque, en realidad, les encanta conducir un buen coche, pero no se lo pueden permitir y tienen que privarse de otros lujos. La imagen de estos últimos, por el contrario, mejora.

22. ¿Adulación u obediencia?

¿Cómo deben conocernos? ¿Cómo deben llamarnos? ¿Cómo debemos esperar que nuestros subordinados se dirijan a nosotros? ¿Qué imagen debemos dar al mundo? Lo más importante es que la forma en que respondamos a estas preguntas determinará quiénes somos o cómo creen que somos.

Cuando la conquista del Imperio Persa hubo acabado, Alejandro era indiscutiblemente el rey más importante en el mundo conocido y persiguió el reconocimiento externo de este hecho.

Habitualmente, la *proskynesis* era la forma tradicional de obediencia que se brindaba de manera automática al rey aqueménido. No se conocen muy bien los detalles, pero los saludos de veneración variaban desde una leve reverencia por parte de los nobles de clase superior hasta una abyecta genuflexión de los campesinos.

Alejandro estableció la *proskynesis* a pesar de que los macedonios mostraron una gran resistencia. Para ellos era humillante: su rey era aparentemente un igual, electo. No lo podemos saber a ciencia cierta, pero habría tenido sentido mantener esta práctica para la población local puesto que estaban acostumbrados a ella; pero para los griegos no era más que otro ejemplo del ensoberbecimiento de Alejandro. Esta falta de decoro (al erigirse como un dios) hacía que los griegos descendieran al nivel de los «bárbaros» persas.

Conclusiones y alegatos

Alejandro pretendía unificar culturas, países, ejércitos y gobiernos. Aparentemente, pensaba que los símbolos, gestos y acciones tradicionales, a pesar de considerarse un insulto para sus propios compatriotas, eran esenciales para gobernar una tierra extranjera cuyos ciudadanos esperaban tales muestras. Utilizó un sencillo acto simbólico para crear una identidad (aunque era un gesto contrario a la identidad guerrera con la que estaban familiarizados sus propios soldados).

Lecciones de liderazgo

Presta atención al protocolo. Puede tener un propósito importante, pero tanto si es escaso como excesivo puede resultar contraproducente. En las organizaciones actuales, existen tantas formas, símbolos, objetos y expresiones de obediencia, que los líderes han de considerar con cautela la adopción de cualquier equivalente a la *proskynesis*. Algunos ejecutivos tienen helicópteros corporativos o una flota de aviones, una colección de apartamentos, limusinas, mayordomos y *suites*. Solo cabría pensar que son importantes reyes. Se sirven de los accesorios del cargo porque pueden, sin pensar siquiera en si deberían, dada la carga simbólica de su uso. Tal vez baste con el ejemplo de uno de mis mentores. Cuando asumió el cargo de gerente general, se deshizo de todos los coches con chófer, de los asientos vip en eventos deportivos, de las afiliaciones a clubes sociales y de golf, y, en resumidas cuentas, ahorró, por decreto, millones de dólares en un balance final de miles de millones. Esto requiere paliar un poco el ego de los líderes que ya deberían haberlo sabido en una industria regulada en estado de sitio.

23. Falta de visión

Una visión limita o da rienda suelta a una organización. La visión crea la identidad de una organización. Un plan ayuda a alcanzar dicha visión. Una vez que era el rey persa, Alejandro tenía que determinar el alcance del imperio. ¿Qué sería Persia bajo su mandato?

Cuando se hizo con el reinado persa, Alejandro partió hacia el este para asegurar o expandir los límites de su imperio. Con el asesinato de Darío, Alejandro se enfrentó a una decisión que sería decisiva para el resto de su vida y para el destino del imperio. Persia llevaba mucho tiempo reclamando sin demasiada firmeza vastas extensiones de lo que se consideraba, erróneamente, la «India» (lo que hoy en día es Afganistán, Pakistán y las regiones colindantes). Nunca se había establecido un control claro e indiscutible sobre estas regiones. Sabemos que Alejandro consolidó su control sobre el corazón del imperio designando a varios sátrapas griegos y persas en las numerosas posiciones a lo largo de todo el territorio. Pero la razón por la que se aventuró hacia el este es pura especulación. Para los historiadores actuales, las intenciones de Alejandro no están nada claras. ¿Pretendía someter personalmente a las distintas tribus de las colinas? No ha sobrevivido nada que revele la intención o los pensamientos de Alejandro: todo es pura deducción.

Cualquiera que sea la deducción, lo mantuvo ocupado durante seis años. Sufrió numerosas heridas; conquistó abundantes aldeas, ciudades, fortalezas y pueblos; fundó bastantes ciudades; enterró a su magnífico caballo Bucéfalo (y allí fundó también una ciudad); disputó una gran batalla (en el río Hidaspes); atravesó el desierto de Gedrosia; y, finalmente, regresó a Babilonia para morir joven.

Fueron años relativamente baldíos si tenemos en cuenta sus anteriores logros.

Conclusiones y alegatos

Se podría citar a Alejandro por haber consolidado el imperio que heredó, creando un todo más identificable que la vaguedad que le precedió. Con eso habría bastado para garantizar su grandeza. También la curiosidad de Alejandro, a la que Aristóteles dio forma, era insaciable, por lo que, en realidad, puede que intentara acabar dominando China.

Lecciones de liderazgo

Es inexplicable por qué Alejandro le dedicó tanto tiempo, por lo que no trataré de hacer vagas especulaciones. Sin embargo, le pediré al lector que realice un ejercicio de introspección y que observe, simplemente, lo obvio: que todos nosotros tenemos periodos en nuestras vidas que son menos productivos que otros, que a menudo tomamos decisiones con cuyas consecuencias tenemos que vivir durante años, décadas o incluso durante el resto de nuestras vidas. Incluso los mejores líderes tienen malas rachas. Estos periodos de estupidez y duda pueden dar lugar a decisiones erróneas perdurables que los atormenten. No deberíamos ser demasiado duros con nosotros mismos. Si analizas y aprendes de esos fallos, no serán en vano. Los errores son a menudo nuestro mejor maestro.

En un tono más positivo, a todos nos deberían recordar que cualquier organización necesita un plan estratégico. Sin él, nos encontramos con frecuencia a la deriva, persiguiendo objetivos efímeros y olvidándonos de nuestro mayor propósito. La visión y los planes recuerdan a nuestras organizaciones y a nosotros mismos nuestro principal objetivo.

24. Carta de Alejandro a Darío

Cuando algunos líderes jóvenes y prometedores alcanzan retos aparentemente exorbitantes, especialmente con recursos limitados, uno se pregunta quiénes son. Hacer saber al mundo quién eres es crucial. Y más importante aún es cómo haces que el mundo lo sepa.

Después de la batalla de Issos, Darío escribió una carta diplomática a Alejandro, de rey a rey, pidiendo el regreso de su familia y de sus bienes domésticos. La respuesta fue una obra maestra de creación de realidad y de identidad.

Seguro que Darío III, el monarca aqueménido reinante perteneciente a una dinastía a la que otros reyes rendían tributo, el penúltimo gobernante del mundo conocido, se preguntó quién era aquel joven advenedizo. ¿Quién era aquel hombre que parecía haber derrotado en dos ocasiones y de manera fortuita a los ejércitos de Darío? Según las fuentes de la *Vulgata* (que, aunque no son del todo fidedignas, se basan en hechos reales), Darío envió una carta a la que Alejandro respondió de la siguiente manera:

> Tus ancestros invadieron Macedonia y Grecia y causaron estragos en nuestro país, a pesar de que nosotros no habíamos hecho nada para provocarlos. Como comandante supremo de toda Grecia, invadí Asia porque deseaba castigar a Persia por este acto; un acto del que eres el único responsable. Enviaste ayuda al pueblo de Perinto cuando se rebelaron contra mi padre; Oco envió un ejército a Tracia, que formaba parte de nuestros dominios; mi padre murió a manos de asesinos a los que, como te vanagloriaste abiertamente, vosotros mismos contratasteis para cometer el crimen; después de asesinar a Arsés con la ayuda de Bagoas, te apoderaste del trono de forma injusta e ilegal, cometiendo así un crimen contra tu país; enviaste a los griegos información falsa sobre mi persona con la esperanza de que se convirtieran en mis enemigos; intentaste proporcionar a los griegos dinero (que solo los lacedemonios estaban

dispuestos a aceptar); tus representantes corrompieron a mis amigos e intentaron resquebrajar la paz que yo había establecido en Grecia. Entonces fue cuando emprendí la batalla en tu contra, pero fuiste tú el que inició la lucha. Primero, derroté en el campo de batalla a tus generales y sátrapas; ahora, te he derrotado a ti y al ejército que liderabas. Gracias a la ayuda de dios, soy el señor de tu país, y me he responsabilizado de los supervivientes de tu ejército, que acudieron a mí en busca de refugio: lejos de ser retenidos a la fuerza, sirven bajo mis órdenes por voluntad propia.

Acude a mí, por lo tanto, como lo harías al señor del continente asiático. Si temes sufrir alguna humillación por mi parte, entonces envía a algunos de tus amigos y les daré las garantías oportunas. Ven, pues, y pídeme que libere a tu madre, a tu esposa y a tus hijos, y cualquier otra cosa que desees; porque los tendrás a ellos, y todo lo que logres persuadirme para que te conceda.

Y en el futuro, haz que todas las comunicaciones que quieras hacerme llegar se dirijan al rey de toda Asia. No me escribas como a un igual. Todo lo que posees es ahora mío; por lo tanto, si quieres algo, házmelo saber en los términos oportunos, o tomaré medidas para que seas tratado como un criminal. Si, por otro lado, desearas reclamar tu trono, levántate y lucha por él, y no huyas. Ten por seguro que iré en tu busca, no importa dónde te escondas.[1]

Conclusiones y alegatos

He aquí la obra maestra. Alejandro era un político sagaz y un hombre de negocios práctico que siempre prestó atención a su reputación inmortal.

Alejandro redefinió la situación en Asia mediante un único documento. Primero, Alejandro es el rey de Asia, no Darío. Segundo, Darío es el criminal, no Alejandro. Tercero, Alejandro es magnánimo. Podría haber tratado a sus prisioneros de distintas formas (véase lección 13, «Prisioneros reales», en el capítulo 2).

Lecciones de liderazgo

En primer lugar, los líderes deben ser claros y autoritarios, incluso audaces. Aprende a crear tu propia realidad. La preponderancia de la realidad es retrospectiva. Puesto que el vencedor es el que escribe la historia, lleva a tus propios historiadores, como hizo Alejandro. La mayoría de los gerentes generales «autobiográficos» lo hacen. Los documentos que sobreviven cuentan la única historia y tú controlas la historia en gran medida mediante tus escritos. Escribe. Escribe con miras a la historia.

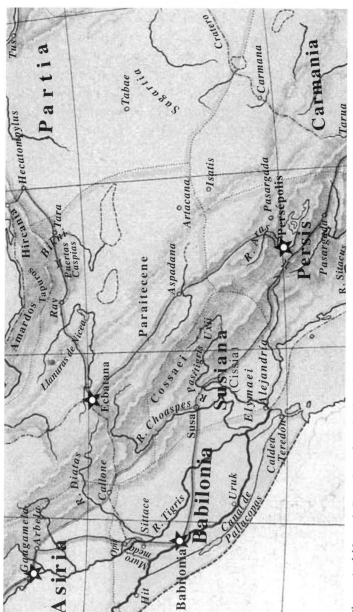

El corazón del Imperio Persa (actual Irán). Alejandro disputó una importante batalla en Gaugamela. Ecbatana era capitolio veraniego de los reyes aqueménidos y Persépolis, el capitolio persa. Susa, una importante y valiosa ciudad bajo el dominio de Darío, fue el lugar donde se llevó a cabo el casamiento masivo entre griegos y persas mencionado en el texto. Fuente: William R. Shepherd, *The Historical Atlas* (Nueva York: Henry Holt & Company, 1923). Por gentileza de The General Libraries, Universidad de Texas en Austin.

25. La muerte de Darío

A pesar de haber derrotado a sus sátrapas en una ocasión (en Gránico) y a Darío en dos (en Issos y en Gaugamela), Alejandro aún no podía proclamarse rey. Darío tenía que ser asesinado. Solo con esa muerte se establecería la identidad de Alejandro como monarca.

Después de que fuera incendiado el palacio de Persépolis, Alejandro continuó la persecución de Darío hasta Ecbatana, una fortificación de madera situada en una colina que los reyes persas utilizaban como lugar de retiro más fresco durante el verano. El ejército acababa de perder a Darío en Ecbatana, así que Alejandro partió en su busca llevando solo la caballería consigo. Los soldados de a pie les seguirían más lentos.

Existen discrepancias en relación a los sucesos concretos, aunque esto es lo que ocurrió en líneas generales. Hay consenso en cuanto al hecho de que Darío estaba muerto antes de que la caballería de Alejandro alcanzara a los abatidos soldados huidos que quedaban del ejército. Alejandro devolvió el cuerpo de Darío a la capital real (la incendiada Persépolis) para llevar a cabo un funeral apropiado.

La versión más interesante, aunque algo menos creíble, relata que los ministros y generales de Darío se dieron cuenta de lo precaria que sería su situación si eran capturados, y acordaron matar a Darío, enviar su cabeza a Alejandro y suplicar clemencia o al menos misericordia. El rumor que sobrevivió a través de las fuentes de la *Vulgata* es que un joven eunuco llamado Besius, que había sido uno de los amantes favoritos de Darío, fue enviado con la cabeza de este en una bolsa de seda para suplicar por la vida y la suerte de los ministros persas. Aquel atractivo joven, casi con total seguridad, se convirtió también en el amante de Alejandro.[2] Alejandro introdujo a la élite persa en su propio gobierno y ejército, lo que despertó parte de la creciente hostilidad hacia él por involucrarse demasiado en la cultura persa.

Cabría preguntarse qué dice este suceso de la lealtad.

Conclusiones y alegatos

Alejandro hizo que, inmediatamente, la gestión de sus nuevos dominios fuese más sencilla al perdonar y ganarse la posible lealtad de los antiguos ministros. Este hecho marcó la diferencia entre adquisición (conquista) y fusión (perdonándoles generosamente la vida).

Lecciones de liderazgo

Acepta la lealtad de los lugartenientes sinceros. Convertirse en rey requiere autoridad. Una vez que asumas el cargo (tanto si es por una defunción, un golpe de estado, un movimiento popular o mediante la usurpación), haz caso a Maquiavelo: «Los hombres ofrecerán sus vidas y sus fortunas hasta que se les pida que lo hagan». Una selección cuidadosa de los lugartenientes de tu predecesor puede ayudarte a asegurar rápidamente tu nueva posición, aunque también te carga con sus equipajes. Convertirse en el máximo líder requiere una gestión cuidadosa de los equipos, accesorios y privilegios del cargo; de los anteriores directivos, gestores y líderes; de las dos o más culturas y de los otros aspirantes que requieran especial atención. Por el contrario, no te quedes anclado con los predecesores incompetentes que te facilitan el liderazgo, porque perderás la incondicionalidad de los demás.

Ideas concluyentes sobre el establecimiento de la identidad

No hay prácticamente ningún proceso de liderazgo que sea más poderoso que el del establecimiento de la identidad. Quiénes somos, como individuo, equipo, organización, sociedad y pueblo, es primordial. Un individuo gana la carrera de las cuatro millas, un equipo crea un producto innovador, una organización forma un partido político que cambia al mundo y un pueblo aparentemente insignificante puede dar una lección de humildad al aparato militar de una superpotencia. En la actualidad, hay demasiados líderes que parecen subestimar de forma flagrante el poder de la identidad.

Reconsidera los ejemplos extraídos de la breve vida de Alejandro:

- Elimina a los rivales (incluyendo a la familia, para asegurar el trono).
- Conócete a ti mismo ante la adversidad (matar a Clito accidentalmente).
- Ten héroes (Homero).
- Asegúrate un buen albacea para tu testamento (controla los acontecimientos después de morir; el cuerpo de Alejandro fue secuestrado por Ptolomeo para establecer la legitimidad).
- Rinde tributo a tus predecesores (cuida de su buena reputación).
- Domestica al caballo (no viene mal captar la atención desde joven).
- Exige la genuflexión cuando sea necesario (no pidas demasiado protocolo).
- Integra la mano de obra y mantén clara tu visión (no puedes perseguir tu visión después de tu muerte, pero tus incondicionales sí podrán hacerlo).
- Escribe y cambia la realidad (tus escritos dan forma a la realidad).
- Acepta la lealtad de los lugartenientes sinceros (después del asesinato de Darío, Alejandro fusionó los aparatos administrativos griego y persa).

Si repasamos los niveles de creación de identidad, tanto individual como de organización, hoy en día observamos aplicaciones universales para todos los líderes. En primer lugar, miremos la perspectiva individual. Es bastante común que los líderes asuman que deben intentar encontrarse a sí mismos, o saber quiénes son. En efecto, se trata de actividades importantes. Pero igual de importante al menos, e incluso mucho más difícil de enseñar y de poner en práctica, es saber y convertirte en quien *quieres* ser. La diferencia reside en mirar en tu interior e intentar ser quien eres realmente, y después mirar hacia el exterior y decidir en quién te *convertirás*. Interior, exterior. Pasado, futuro. Eras, serás. Supongo que es necesario ser fiel a uno mismo, pero todos cambiamos tanto que, imagino, abandonamos lo que somos y nos convertimos en lo que podemos ser. En el interior de todos nosotros puede haber un Alejandro Magno, pero reprimimos esa figura heroica interna.

Comenzaba este libro con la afirmación de que «el liderazgo no se puede enseñar; se puede aprender». Si vas a crecer como líder, eres *tú* quien debe llevar a cabo ese aprendizaje. La práctica me ha enseñado que solo la experiencia (en el trabajo) puede impartir liderazgo. A algunos de nosotros se nos da mejor el aprendizaje desde la experiencia y otros son más lentos. Merece la pena recordar el dicho que afirma que los sabios son simplemente aquellos que han cometido más errores que tú. Los líderes cometen equivocaciones. Así es como aprenden. Los mejores líderes son los que permiten que aquellos que se encuentran en un nivel inferior aprendan de sus fallos. Creo que las organizaciones deben perdonar los errores honestos y bien intencionados. ¿De qué otra manera podrían desarrollar sus próximas generaciones de líderes? Alejandro cometió errores terribles. La mayoría de nosotros también, aunque tal vez no hayamos llegado a matar a un buen amigo. Lo que aprendemos de las equivocaciones es lo que nos hace mejorar. Si pensamos demasiado en el pasado y dejamos que nos inmovilice, no creceremos y, con el tiempo, nos haremos más indecisos. Si pensamos en él, aprendemos de él y seguimos adelante, creceremos.

El segundo nivel de creación de identidad es el de la organización. En pocas palabras, la principal tarea de un líder es crear la realidad de la organización promulgando una visión, creando o supervisando el diseño de un plan, reuniendo a un equipo y ayudando a que ese equipo ponga en marcha el plan diseñado. Cada una de estas actividades cambia al mundo en el que nos movemos. La visión proporciona a los miembros de la organización un nuevo objetivo y una nueva identidad. Un plan (desarrollado con el equipo) nos guía sobre cómo alcanzar esa nueva realidad. El equipo realiza el trabajo, convirtiendo al líder en el máximo gestor de recursos humanos y en el principal creador de identidad. La supervisión de la puesta en práctica llevada a cabo por el equipo nos ayuda a conseguir lo que habíamos concebido.

Cuando tuvo lugar su prematura muerte, Alejandro estaba construyendo una identidad a partir de dos culturas primarias que eran incompatibles. En mi opinión, hoy en día la creación de identidad está infravalorada, y los líderes no le prestan la atención debida. Recientemente, tuve el privilegio de observar durante dos días el proceso de selección y formación de oficiales del Cuerpo de Marines en Quantico, Virginia. Quedé estupefacto, literalmente, por los cuidadosos procesos que se llevan a cabo para el reclutamiento, la selección y el desarrollo. No hay nada en la industria que se acerque, ni remotamente, a esta creación de identidad que juega un papel esencial para el Cuerpo de Marines. No es de extrañar que su cultura sea tan poderosa e imperecedera. La población civil tiene mucho que aprender de modelos como Alejandro y los marines. Debemos aprender a integrar y gestionar mejor nuestras culturas y nuestras identidades organizativas. El simbolismo, nuestro siguiente proceso de promulgación, es una sólida herramienta para la creación de identidad.

Cuarto proceso de liderazgo: Proyectar símbolos

Hay una abundante literatura que investiga cómo y cuándo la gente atribuye a los líderes determinadas acciones, incluso cuando dicha atribución es inapropiada. Un líder puede dirigir el uso de símbolos y, de este modo, influenciar las atribuciones de sus seguidores debido, en buena parte, a la prominencia del papel de liderazgo y a la respuesta cognitiva provocada por los símbolos. Los símbolos son también importantes porque, a través de ellos, un líder puede crear un significado prolongado, una interpretación compartida y una acción conjunta. Controlar los símbolos es para los líderes una fuente de poder, similar al que ejerce un director de cine que utiliza el guión de otro, pero hace que la historia de desenvuelva de tal manera que conserve su propia prerrogativa para dar forma al desenlace final.

El uso de símbolos y de la atribución cognitiva que se les asignó a los mismos fue esencial para Alejandro, que consideraba los símbolos como parte de la táctica. Desdibujando los límites entre el entorno y la organización, y entre el problema y la solución, Alejandro reformuló problemas y utilizó el simbolismo para cambiar el entorno.

26. Destrucción total

A veces, la reformulación de un problema se consigue mediante el simbolismo. La representación de un acto simbólico puede ser mucho más convincente que el acto en sí.

Justo al principio de la invasión de Asia Menor, pero después de la batalla de Gránico, Alejandro afrontó la tarea de conquistar con recursos muy limitados decenas de ciudadelas pequeñas y algunas más grandes situadas en la cima de una colina.

En la costa occidental de la actual Turquía, Alejandro se encontró con una situación imposible. Solo disponía de un reducido ejército, pero tenía que enfrentarse a un gran número de pequeñas ciudades, pueblos, ciudadelas y fortalezas. Estaba claro que podía derrotar a cualquiera de ellas, o incluso a varias. Pero cada asedio reduciría aun más sus tropas debido a las muertes, las heridas y las necesidades adicionales para el acuartelamiento. Alejandro tenía que encontrar la forma de que las ciudades capitularan sin llegar al enfrentamiento y sin que él tuviera que acuartelar cada una de ellas.

Alejandro envió diplomáticos para hacer saber a todas las ciudades que él pretendía que ellas derrocaran a sus señores persas. Algunos se unieron a él; otros querían hacerlo, pero los persas tenían a miembros de su familia como rehenes; y los demás estaban satisfechos con la presencia persa. La solución de Alejandro ante esta obstinación se considera hoy en día reprochable (aunque hay equivalentes actuales llevados a cabo tras absorciones hostiles). Su propósito era realizar una muestra simbólica tan escabrosa que el resto de ciudades no se atrevería a obstaculizar su avance; de hecho, capitularían sin oponer resistencia alguna. Para hacerlo, utilizó como ejemplo terrible una ciudad cuyo nombre se desconoce en la actualidad porque se ordenó a los historiadores de la corte que no fuese registrado para borrarla así por completo. La obstinada ciudad fue asediada y conquistada. Mientras los ciudadanos, que habían sido hechos prisioneros, observaban, el ejército de Alejandro la saqueó. Derribaron sus muros, quemaron los edificios y echaron sal en los campos para que, en el futuro, nadie pudiera cultivar allí. A continuación, violaron a las mujeres de forma sistemática en presencia de los hombres, y después los mataron a ellos y a los niños varones en presencia de las mujeres. Vendieron como esclavas a las mujeres, a las niñas pequeñas y, tal vez, a algunos chicos, dejando solo un pequeño grupo que fue enviado como avanzadilla del ejército a lo largo de la costa para que contara a los demás habitantes lo que había sucedido.

Huelga decir que todas las ciudades que carecían de un acuartelamiento persa considerable capitularon sin necesidad de lucha. ¿Quién en su sano juicio se habría resistido enfrentándose a semejante destino? Por lo tanto, Alejandro fue capaz de conquistar una región entera disputando una sola refriega. Al mismo tiempo que tenía que sitiar una gran ciudad (Halicarnaso), privar a otra de alimentos bloqueando su puerto hasta obtener su rendición (Éfeso) y contener una rebelión (Mileto), pudo seguir adelante con su incursión sin demasiados obstáculos.

Conclusiones y alegatos

Alejandro redefinió la realidad de miles de personas en decenas de ciudades mediante la terrible acción simbólica de destrozar completamente una ciudad y a sus habitantes. Esta horrible destrucción hizo que innumerables pueblos se pusieran de su lado sin que Alejandro tuviese que enfrentarse a ellos. Demostró claramente la firmeza de su propósito y que era capaz de cualquier cosa. A lo largo de la historia, los tiranos han empleado de manera efectiva y en beneficio propio este conocimiento. Le permitió conservar unos recursos humanos escasos a costa de inocentes. Puede que prefieras que este ejemplo se incluyera en un capítulo llamado «Actos menos grandiosos». Es menos grandioso, sí, pero su lógica es impecable.

Lecciones de liderazgo

Podemos (como hacen los historiadores) discutir o debatir sobre el horror de aquella ciudad y acerca de si aquel comportamiento fue «adecuado» a la época, pero tales debates no vienen al caso para nuestro aprendizaje de Alejandro. ¿Acaso recuerda la historia a Alejandro como un asesino en masa o, más bien, como un general victorioso?

Es extremadamente difícil trasladar esta lección a la época actual. Aunque la acción de Alejandro muestra cómo es posible manipular con éxito la naturaleza humana, si fuese un general contemporáneo, habría sido llevado ante un consejo de guerra por semejante acción. Y un ejecutivo moderno que usara acciones civiles similares estaría en el punto de mira por comportamiento ilegal o inmoral. Dicho esto, a veces los comportamientos legales y éticos para lograr las cosas no son agradables, y en la actualidad la mayoría de los ejecutivos (aunque no todos) los evitarían. Un ejemplo clásico es el de Robert Moses, responsable de la profunda reestructuración de la ciudad de Nueva York y de los distritos colindantes llevada a cabo durante décadas. Moses recurrió al chantaje, la amenaza física, la intimidación y otras tácticas «agresivas». En algunos círculos, Moses es considerado un monstruo, y siempre hay asegurada una enorme retahíla de improperios contra su persona y su reputación. En otros, la gente admite que, a pesar de que sus técnicas eran de mano dura (como las de Alejandro), logró que se hicieran cosas que de otro modo, casi con total seguridad, *no* se habrían conseguido. Puede tratarse de maquiavelismo, puesto que el fin justifica los medios, pero también puede considerarse un uso prudente, cuidadoso y estudiado del poder, realzado simbólicamente para reducir posteriores gastos de recursos. Aunque rara vez se aplican, las versiones actuales suavizadas de acciones extremas pueden estar justificadas.

27. Enfermedad en Tarso

Nuestras acciones pueden generar confianza (o destruirla). Al acompañar nuestras acciones con símbolos, aumentamos dicha confianza; amplificamos el efecto de la acción de diversas maneras.

En el segundo año de campaña, antes de la segunda gran batalla (en Issos), Alejandro se detuvo en Tarso y cayó gravemente enfermo con retortijones y fiebre (de hecho, excepto uno de sus médicos, el resto temía que no lograría reponerse). Desgraciadamente, el único médico que *no* perdió las esperanzas, Filipo de Acarnania, era precisamente el mismo al que acusaban de intentar envenenar a Alejandro en una carta que este había recibido. Además, Filipo propuso tratar a Alejandro con una mezcla de fármacos muy poderosa (léase, peligrosa). Haciendo caso omiso de las serias advertencias de sus colegas, Alejandro accedió al tratamiento. En el mismo instante en que Alejandro comenzó a beber la poción, le pasó al médico la carta acusatoria. El rumor era falso, Alejandro se recuperó y Filipo fue generosamente recompensado.

Conclusiones y alegatos

El simbolismo de beber un brebaje posiblemente venenoso mientras el supuesto asesino leía dicha acusación es una de las imágenes más sublimes de la historia de la humanidad. En cuanto a la confianza, Alejandro era un enigma. Creía en la gente hasta que le demostraban que no debía hacerlo, pero en otras ocasiones era un paranoico. Mucho más avanzada la campaña, también se volvió paranoico sobre si debía confiar en los consejeros de su padre. ¿Cómo es posible conciliar un comportamiento tan esquizofrénico?

Lecciones de liderazgo

¿La lección? Confía en la gente. Los rumores pueden ser muy destructivos y han de ser detenidos ipso facto. Si confías en tu gente, puedes ser un vehículo de cambio más efectivo. Conseguir que la gente confíe en ti es la clave. El uso del simbolismo puede convertir la confianza en apoyo incondicional a tu misión.

Una historia maravillosa de la Primera Guerra Mundial acerca de cómo guardar las apariencias ayuda a reforzar y a explicar la actitud de Alejandro en Tarso. Además, ilustra cómo los grandes líderes se ganan la confianza de manera simbólica. Dio la casualidad de que dos capitanes muy prometedores y estimados que no se conocían tenían el mando de unidades adyacentes en el frente. Salieron al frente de sus tropas, se saludaron, se dieron la mano, se quitaron los cascos y entablaron una conversación. Casualmente, los alemanes comenzaron una descarga de artillería por tierra que cada vez se les aproximaba más y más. En lugar de que uno de los capitanes perdiera la entereza y sugiriera, prudentemente, ponerse el casco y retirarse a sus respectivas trincheras, ambos permanecieron de pie, conversando, mientras el fuego de artillería caía a su alrededor. Afortunadamente, no fueron alcanzados. Sus nombres eran Patton y MacArthur y llegaron a convertirse en dos de los generales más importantes de la Segunda Guerra Mundial, adquiriendo una reputación exagerada por su valor en el frente. Es indispensable que te mantengas fiel a tus convicciones. Y demostrar dichas convicciones es igualmente importante. El simbolismo las refuerza. En otras palabras, confiar en tu médico es una cosa; beber una poción que puede ser venenosa y, mientras lo haces, acusar al médico, es un acto simbólico totalmente distinto.

28. Reinado del terror

El simbolismo puede mantener a raya a los administradores más distantes, pero solo si das un castigo ejemplar a uno o a unos cuantos de ellos. La duración de la fusión dependerá de lo visible que sea el simbolismo.

Hacia el final de su vida, después de haber sobrevivido a la debacle del desierto de Gedrosia, descrita en este capítulo, Alejandro comenzó una larga marcha de regreso a Babilonia. Al atravesar las distintas unidades administrativas, descubrió que muchos de los sátrapas que había nombrado habían usurpado sus territorios y se habían atrevido a asumir los poderes reales, comportándose como si fueran reyes y no los administradores de Alejandro.

Los sátrapas designados por Alejandro, obviamente, supusieron que no volverían a verlo jamás. Esta suposición costó la vida a numerosos gobernadores, causó duros castigos a muchos otros y reveló que la estructura administrativa del imperio era, cuanto menos, frágil. No hay indicios que demuestren que Alejandro corrigió el sistema de administración del vasto reino, y el imperio se desintegró poco después de su muerte. Sin embargo, dio un castigo ejemplar a los impertinentes y actuó con prontitud.

Conclusiones y alegatos

Alejandro recreó la realidad. Redefinió el problema, que pasó de consistir en cómo administrar las tierras a cómo mantener a raya a los administradores «descentralizados», un problema común en todas las organizaciones hoy en día. El simbolismo se basa en que el líder *podía* regresar y en caso de que lo hiciera, el castigo sería inmediato y severo.

Lecciones de liderazgo

Probablemente, los lectores de este libro han cometido el mismo error al principio de sus carreras como líderes. Puede que hayas fracasado a la hora de aclarar convenientemente cuál es tu papel en un nuevo cargo y, como consecuencia, te hayas excedido al intentar por todos los medios conseguir lo mejor para la organización, y que hayas descubierto demasiado tarde que el jefe no estaba de acuerdo con tus limitaciones. Algunos tenemos la suerte de contar con jefes que entienden que esta es una lección de liderazgo que se aprende en el trabajo diario. Otros tienen jefes que son terroristas autócratas que no permiten el aprendizaje. Cuando asumas un papel de liderazgo, asegúrate de que entiendes los límites de tu cargo. Alejandro aclaró, simbólicamente, la libertad que concedía a sus gobernadores: gobierna en *mi* lugar, no en el tuyo.

29. Liderar desde el frente

Se decía que, para desayunar, a Alejandro le gustaba una marcha larga y para cenar, un desayuno ligero. El liderazgo requiere mostrar el camino. Requiere que no pidas a los demás lo que ni tú mismo harías. Si muestras el camino poniéndote a ti mismo en peligro, puedes adquirir proporciones casi mitológicas.

Alejandro era extremadamente descuidado cuando se trataba de su propia vida, y esta anécdota, que ocurrió muy avanzada la campaña, rebosa un liderazgo ejemplar.

Después de la batalla del río Hidaspes, el ejército se dirigió al Indo para enfrentarse a los malios. En la ciudadela más fuerte, Alejandro, que siempre iba al frente, cometió su acto más insensato, que casi le costó la vida. Una vez que estuvo sobre la muralla, saltó al interior de la ciudad para evitar que las flechas le alcanzaran, pero allí se encontró con duros y coléricos ataques. Unos cuantos macedonios pudieron rescatarlo, aunque ya estaba gravemente herido. Fue trasladado al campamento casi moribundo. El ejército estaba tan enfurecido por la supuesta muerte de Alejandro, que arrasaron la ciudad y mataron a todos sus habitantes (mujeres y niños incluidos). Fue la mayor masacre del ejército.

Las tropas temían seriamente por la vida de Alejandro (y con razón, puesto que su fallecimiento habría llevado, probablemente, a la disolución del ejército). A pesar de la importante pérdida de sangre, Alejandro se recuperó para regocijo de sus hombres.

Conclusiones y alegatos

Alejandro daba ejemplo en todas las circunstancias y este ejemplo era encomiable puesto que, cuanto más arriesgada era la situación, más probabilidades había de que él estuviera envuelto en la lucha.

Lecciones de liderazgo

Lidera desde el frente, pero no seas insensato. Si barajas una opción de compra de acciones, comprueba que todos los que contribuyen a los resultados finales también consiguen opciones de compra. Si el sindicato sufre una reducción de sueldos, tú también deberías hacerlo. Si la productividad es una iniciativa importante, sé visiblemente más productivo. Si reduces el número de bailarines de tu *ballet*, reduce también la plantilla administrativa, al menos de manera simbólica. En el programa de formación de oficiales del Cuerpo de Marines, a los oficiales se les enseña que los soldados son los primeros, *no* el oficial. Después de una dura marcha, se alimenta y se hospeda a los soldados antes que a los oficiales.

30. Cortar el nudo gordiano

En la actualidad, la frase «cortar el nudo gordiano» es un tópico que significa «haz que ocurra» o «consíguelo». ¿Cómo llegó a convertirse en un cliché? Alejandro cortó el nudo gordiano, pero lo que mucha gente ignora es que la misión era *desatar* el nudo. Se abordó esta tarea imposible de forma simbólica. El hecho de visitar el nudo fue brillante, pero que lo desatara fue una mentira. Cuando hay símbolos de por medio, la percepción es más importante que la realidad.

Después de someter la costa de la actual Turquía, Alejandro pasó casi un año (se podría decir que malgastó casi un año) viajando por la parte central del país. El hecho más significativo fue su encuentro con el nudo gordiano.

Durante siglos, existió el mito de este complejo nudo, hecho de una corteza especial, que unía el yugo y la guía de un carro de bueyes. En occidente, solemos estar familiarizados con la tradición artúrica de Excalibur: «Aquel que logre sacar esta espada de la piedra gobernará Inglaterra». En la antigüedad, «aquel que pudiera desatar el nudo gordiano, gobernaría Asia» (que a efectos prácticos equivalía al mundo entero). Puede que Alejandro buscara el nudo gordiano para confirmar su inevitabilidad, reforzar su derecho a ser considerado un héroe, elevar su ego, aumentar su visibilidad, envalentonar a su ejército y a sus generales, impresionar a los locales, embellecer su reputación, intimidar a Darío o, quizá, por todas estas razones y algunas más que a duras penas podemos adivinar. Cualquiera que fuese la razón, el desenlace fue el de unas relaciones públicas perfectas.

Los historiadores no tienen nada claro lo que ocurrió. (Es importante señalar que en este caso los historiadores no conocen en realidad los hechos. Mis especulaciones se basan estrictamente en algunas recreaciones contemporáneas del nudo y en el sentido común.) El nudo *fue* deshecho. La cuestión es si fue desatado o cortado. Una de las versiones de la historia narra que Alejandro descubrió cómo extraer un alfiler de en medio del nudo y deshacerlo. Pero las reproducciones actuales del nudo muestran que, de la manera en que estaba atado, *no se podía* desatar. (La corteza se pliega cuando aún está húmeda y cuando se seca es imposible moverla, y mucho menos manipularla para desatarla.) Por lo tanto, la segunda versión (en la que Alejandro se sintió frustrado, empuñó su espada y cortó el nudo gordiano) es la hipótesis más probable. Independientemente de lo que ocurriera, su equipo de relaciones públicas hizo que se supiera que Alejandro había desatado el nudo.

Casualmente, esa noche hubo truenos y relámpagos, y el séquito de Alejandro creyó que aquella actividad tormentosa reforzaba la creencia de que él había completado el legado del nudo. Observa que la verdad es irrelevante. Lo único que importa es lo que el séquito, y posteriormente la historia, creyeron que era cierto.

Conclusiones y alegatos

Alejandro creó una nueva realidad simbólica, una que aprobaba su invasión y su conquista. Solo hizo falta utilizar a su equipo de relaciones públicas para transmitir lo que quería que fuese cierto.

Lecciones de liderazgo

Es tentador afirmar, irónicamente, que a veces solo hace falta una espada para acabar con la desidia burocrática. Sin embargo, se puede extraer una lección más importante. La percepción *es* o *se convierte* en realidad. Está en nuestra mano reforzar la percepción mediante el uso de relaciones públicas, publicidad e informes perspicaces. Por ejemplo, en el que está considerado como uno de los *spots* publicitarios más honestos que se han lanzado nunca, General Motors admitía, en anuncios a toda página, que sus coches habían sido los mejores treinta años atrás, que fueron malísimos durante décadas, pero que su calidad había mejorado de manera espectacular y ahora se encontraban a la altura de los mejores del mundo. Quizá sea algo exagerado, pero aun así es una afirmación muy poderosa que, sin duda, tendrá un efecto sobre la percepción (y a continuación sobre las ventas) precisamente por su sinceridad.

A veces la realidad no es lo suficientemente buena. Como si se tratase de un currículum, podemos adornar nuestros logros, la valoración de nuestro rendimiento, nuestro informe anual o nuestros ingresos. Pero no es correcto hacerlo, y la enseñanza que debemos extraer no es la de maquillar. La lección que nos enseña Alejandro es que no hay que mentir, pero si te encuentras con una oportunidad simbólica, aprovéchala. *Trato* de mostrarte cómo el simbolismo puede influir en las percepciones. En otras palabras, tienes que identificar qué acto simbólico hará que tus seguidores compren. Encuentra la manera de realizar ese acto, aunque no se ajuste a las recomendaciones. La gente valorará el simbolismo y el esfuerzo. *Querrán* creer. Por ejemplo, las organizaciones que buscan obtener premios utilizan los símbolos para amplificar la percepción de sus logros por parte del público; otras organizaciones ejercen incansables su labor con total discreción: mismo rendimiento, distinta percepción.

31. Batalla de Gránico

Al principio de la campaña para invadir Persia, todo lo que Alejandro hacía adquiría trascendencia más allá de los simples sucesos. Probablemente, con su atención puesta en la historia, jugó tanto con los griegos como con la historia.

Justo al inició de la invasión, Alejandro se encontró con el ejército de los sátrapas locales que, de forma estúpida, como se desprende a posteriori, no quemaron los cultivos por delante de él, sino que más bien pretendían derrotar a Alejandro en el campo de batalla. También hizo frente a mercenarios griegos contratados por los persas.

En el año 334 A.C., Alejandro cruzó el Helesponto con un ejército compuesto probablemente por entre 30,000 y 40,000 soldados de infantería y de 4,000 a 5,000 soldados de caballería. La primera de las cuatro grandes batallas de Alejandro tuvo lugar en el río Gránico, contra los sátrapas locales y sus contingentes locales, que sufrieron una derrota aplastante a pesar de tener una mejor posición táctica (esto es, geográfica) detrás de un pequeño río. Hay una ligera controversia en relación a los detalles de esta batalla. Algunos dicen que la refriega comenzó al final de la tarde, tras una marcha de dieciséis kilómetros. Pero otros, cuya narración tiene más sentido, sugieren que Alejandro esperó hasta el amanecer para atacar por sorpresa al ejército, que estaba acampado detrás del río a una distancia de entre uno y tres kilómetros. Ya en el campo de batalla, los adversarios de Alejandro organizaron mal sus tropas, colocando a la caballería (es decir, a la nobleza) al frente. En cualquier caso, las crónicas coinciden en que Alejandro lideró a su ejército con valor desde el frente, donde hirieron a su caballo y, más adelante, se reunió con los heridos para animarlos a que alardearan de sus hazañas y explicaran sus heridas.

Tampoco hay acuerdo acerca de lo que ocurrió después de la batalla. Se sabe que los muertos, tanto nobles enemigos como mercenarios griegos, recibieron sepultura. Pero el destino de los 15,000 mercenarios griegos que fueron capturados con vida no está claro. Una versión dice que acabaron con ellos de forma despiadada, una tremenda atrocidad simbólica diseñada para disuadir a los demás griegos que pretendieran ponerse al servicio de los persas y en contra de los macedonios. Sin embargo, es probable que aquellos 15,000 mercenarios fuesen devueltos engrillados a Macedonia como esclavos para hacer frente a una vida de trabajo duro, lo que habría tenido un efecto similar, aunque más productivo, sobre cualquier griego que se planteara servir como mercenario contra Alejandro.

Después de la batalla, Alejandro envió 300 corazas persas a la acrópolis ateniense como obsequio simbólico por parte de Alejandro y de los griegos. Este gesto simbólico satisfizo a Atenas. La inscripción que lo acompañaba y que sería grabada en piedra evitaba intencionadamente la mención a Esparta, que no se había unido, de manera igualmente deliberada, a la Liga de Corinto.

Conclusiones y alegatos

Alejandro expuso tres magníficos atributos simbólicos. En primer lugar, se granjeó el cariño de sus soldados después de la batalla. En segundo lugar, proporcionó importantes relaciones públicas para los civiles que se encontraban en casa. En tercer lugar, y lo más importante, la forma en que trató a los mercenarios griegos (posible masacre, probable esclavitud) envió una señal inequívoca a potenciales mercenarios.

Lecciones de liderazgo

Esta batalla y sus repercusiones ofrecen a los empleados y relaciones públicas dos lecciones que están vinculadas. Asumiendo el hecho de que lideras desde el frente (marcando el camino), consigues la habilidad de relacionarte de manera especial con los empleados. Como ejemplo general, un decano que no tenga experiencia docente tiene una relación distinta con la facultad que alguien que ha compartido exhaustivamente la labor principal de una universidad. Un ejemplo específico es el del gestor general de Disney, Michael Eisner, que insistió en que los altos ejecutivos pasaran al menos una semana al año en los parques temáticos para que pudieran comprender mejor y experimentar personalmente aquello a lo que se enfrentan los empleados, cómo se adaptan los parques temáticos al modelo de negocio integrado de Disney y el trato que reciben los visitantes. La idea es entender el negocio permaneciendo cerca de su núcleo.

Presta atención a los medios de comunicación y manipúlalos según tu propio interés. El hecho de que Alejandro enviara las corazas persas de vuelta a Atenas fue un símbolo persuasivo, convincente e indiscutible, un gesto arraigado en el simbolismo griego. Desde la Guerra de Troya de la *Ilíada*, la coraza tenía un gran valor simbólico. La implicación aquí iba dirigida por un lado a las tropas, por su éxito, y por otro a los griegos, acerca de la conveniencia de que Alejandro los liderara. Cabe señalar que los gestos «públicos» se llevan a cabo tanto para los empleados como para la audiencia. Un ejemplo moderno son las reglas de Stew Leonard para su cadena de supermercados, que se exponen de forma visible y con gran orgullo a la entrada de las sedes de la empresa: «Regla nº 1. El cliente siempre tiene la razón. Regla nº 2. Cuando el cliente no tenga la razón, véase Regla nº 1». Están dirigidas al público en general y a los empleados y clientes. El simbolismo de una piedra gigantesca que representa la base principal de la empresa es sublime.

32. Dormir antes de la batalla de Issos

Las apariencias pueden inmovilizar a un ejército. Los rumores pueden poner freno a la valentía. El miedo puede acabar con la esperanza. Alejandro era muy bueno a la hora de urdir símbolos para cambiar las apariencias, acallar rumores y dar esperanza.

La segunda de las cuatro grandes batallas que Alejandro disputó tuvo lugar en Issos. Los dos ejércitos se habían adelantado el uno al otro y habían cortado las comunicaciones del enemigo. Darío pasó al norte, interceptó algunas ambulancias y aniquiló a los hombres. Huelga decir que estas noticias enfurecieron a los griegos. En aquel momento, Alejandro se encontraba en el sur a lo largo de la costa.

El ejército de Alejandro era inferior en número, y sus generales estaban muy preocupados por ello, una preocupación que se extendió a las tropas. El emplazamiento geográfico fue la solución táctica a aquel inconveniente. Se desconoce la localización exacta del campo de batalla, pero está claro que aquella llanura estaba limitada por montañas en el este y por el Mediterráneo en el oeste, lo que restringía en gran medida la capacidad de despliegue de las tropas persas superiores en número. Alejandro durmió hasta pasado el amanecer y el simbolismo de este hecho no pasó inadvertido para los preocupados generales. Al mostrar una arrogante indiferencia ante el tamaño espectacular de su oponente, Alejandro transmitió un desdén inequívoco hacia los persas, lo que ayudó a disipar los miedos de sus subordinados.

Durante la lucha, Alejandro se abrió paso por el centro en un momento clave, persiguió a Darío desde el campo de batalla e hizo que el ejército persa se rompiera y huyera en desbandada.

Conclusiones y alegatos

Aparentemente, nadie excepto Alejandro era consciente de que el tamaño del ejército no importaba teniendo en cuenta la disposición geográfica del campo de batalla. Al dormir hasta tarde, transmitió indiferencia hacia sus oponentes, lo que dio esperanza, valentía y, finalmente, la victoria a su ejército.

Lecciones de liderazgo

Cuando Alejandro se dio cuenta de que el terreno le favorecía, transmitió su seguridad a los generales y a sus tropas por igual con el simple recurso simbólico de dormir profundamente. Esto implica que debes pensar en tus problemas, pero no preocuparte por ellos. Es una distinción fundamental. La preocupación te quita el sueño de forma poco productiva. Pensar te permite resolver los problemas.

Al principio, Apple Computer era una compañía desvalida e insignificante, y aun así ha supuesto una plaga para IBM desde sus inicios. La compañía escogió un segmento del mercado en el que IBM estaba ausente y, con constancia, Apple se hizo con él. Cuando, por fin, IBM reaccionó, sus líderes se dieron cuenta de que la cultura de IBM era tan dominante y tan contraria a lo que un equipo de ordenadores de mesa requería, que los directivos tuvieron que tomar varias medidas simbólicas para distanciar al nuevo equipo de IBM PC de la vieja compañía de ordenadores centrales. Por ejemplo, establecieron a nivel organizativo una nueva unidad estratégica. Situaron físicamente la nueva unidad de la compañía en un lugar muy tranquilo (Boca Ratón), y los miembros del equipo de PC cambiaron el famoso «uniforme» de IBM (traje azul y camisa blanca) por una ropa totalmente informal.

Al entrar en el mercado laboral cuando la economía está deprimida, la mayoría de los candidatos en ciernes se dejan llevar por el pánico, se preocupan y esperan con pasividad. Un aspirante sensato acepta la situación y crea símbolos tan efectivos que sea inevitable recibir una oferta de trabajo. Por ejemplo, investiga; encuentra un patrocinador dentro de la organización; conoce a los empleados de la compañía meta; familiarízate con la actividad de la empresa mejor que ningún otro aspirante; dirígete a la gente por su nombre aunque no la conozcas; propón soluciones básicas que los empleados no hayan considerado, etc. Ampliar el conocimiento sobre la compañía es un acto simbólico y extremadamente convincente. Si consigues impresionar lo suficiente a los líderes del equipo, te contratarán.

33. Abluciones, celebraciones y otros comportamientos apropiados

La literatura de liderazgo aborda cada vez más las celebraciones. Muchos líderes subestiman la relevancia de asistir simbólicamente a cualquier logro o asunto que garantice la atención.

Durante sus campañas, Alejandro atravesó un paisaje geográfico, religioso y cultural extremadamente diverso. Cuando entró en Babilonia, lo recibieron como a un libertador. Inmediatamente, ordenó la restauración de los templos que habían sido destruidos por los persas después de que Babilonia se rebelara más de cien años atrás. Los jubilosos caldeos (sacerdotes) estaban en deuda con Alejandro, y por ellos, el pueblo le dio la bienvenida como a uno de los suyos.

En todos los sitios a los que viajó, Alejandro celebró sacrificios, juegos y festividades para aplacar a los dioses en los templos del lugar. El efecto, por supuesto, fue congraciarse con los habitantes. Intentó lograr paralelismos entre sus dioses, sacrificios y adivinaciones y los dioses locales para poder mostrarse como un panteísta que aceptaba la «herejía» local. Este fue el patrón que repitió durante toda su vida: siempre llevó a cabo los sacrificios, abluciones, festividades y juegos apropiados o cualquier otro evento que fuese localmente correcto.

Conclusiones y alegatos

Alejandro reconoció el simbolismo de la gente de mentalidad local. Sin asumir nunca que sus sacrificios y abluciones fuesen «correctos» y sin dudar jamás de sus propias creencias, representó el papel del panteísta perfecto, aplacando religiosamente a todos dondequiera que fuese.

Lecciones de liderazgo

La confusión acerca de las diferencias religiosas, culturales y de sexo requiere aceptación, comprensión, sensibilidad y un amplio conocimiento. En ocasiones, el liderazgo necesita de la diplomacia de un «sacerdote» panteísta.

Las fusiones y adquisiciones garantizan una profunda consideración hacia los dioses, las tradiciones y las celebraciones locales. Por ejemplo, cuando Unilever adquirió la compañía de helados Ben & Jerry's Homemade, fue muy cuidadosa y prestó especial atención a todo lo que hacía que Ben & Jerry fuese única. Unilever continuó con la práctica de concienciación medioambiental (hasta un extremo obsesivo) y con la extraordinaria orientación hacia los empleados. Cambió pocas políticas de recursos humanos, aunque la mayor parte del resto del mundo capitalista las rechazaba. Además, Unilever entabló buenas relaciones públicas gracias a su fidelidad a la cultura original de Ben & Jerry. Esta atención a los detalles ayudó a reflejar la importante realidad de que Ben & Jerry es distinta a cualquier otra organización del mundo.

34. Cruzar el desierto de Gedrosia

La acción simbólica de Alejandro en el desierto de Gedrosia no solo salvó a su ejército de la deshidratación sino que se considera uno de los gestos simbólicos más significativos de la humanidad.

Hacia el final de la campaña, después del «motín» en la India, Alejandro se dispuso a seguir una ruta distinta para regresar a Babilonia, atravesando territorio desconocido (con la esperanza de completar un conocimiento geográfico del que carecían notablemente los mapas existentes).

En septiembre del año 325 A.C., Alejandro comenzó su marcha a través de la Gedrosia meridional. Esta región albergaba uno de los desiertos más inhóspitos del planeta. La intención de Alejandro era mantener a la flota si era preciso cavando pozos a lo largo de la costa, pero principalmente para que llevara el agua necesaria al ejército. Por desgracia, su reconocimiento arrojó información errónea. (Los guías locales lo engañaron deliberadamente con la esperanza de que el ejército pereciera en el desierto.) Fue incapaz de abastecer a la flota o de recibir agua él mismo, ya que la zona costera tenía abruptos acantilados que impedían el acceso a sus barcos. Alejandro y su ejército se quedaron sin agua y comenzó a morir gente.

Después de haber compartido tantas dificultades durante el transcurso de la campaña, el ejército se había hecho tan leal a Alejandro que vertieron el agua que les quedaba (exprimiendo, literalmente, las últimas gotas de sus cantimploras de vejiga de cabra) para ofrecérsela a su rey. Reunidos todos en asamblea, presentaron el agua a Alejandro en un gran casco de plata. Las tropas sabían que todos iban a morir, pero podían proporcionar agua suficiente para que su líder sobreviviera. ¡Piensa en el sacrificio que realizaron miles de soldados disciplinados!

Alejandro se dio cuenta de que si no hacía algo, perdería su magnífico aparato militar. Pero, ¿cómo se puede salvar a un ejército que está muriendo de sed si no se dispone de agua?

Alejandro vació aquel casco lleno de agua en la arena, delante del ejército reunido, y se dirigió a ellos con un mensaje claro: «Compartiré vuestro destino». Antes de que Alejandro vertiera el agua, el destino del ejército era morir, pero Alejandro habría sobrevivido gracias a la generosidad de sus soldados. Después de verter el agua, Alejandro también moriría. Otra opción era que el ejército lograra salir de aquel desierto con Alejandro para garantizar que el destino que iba a compartir con ellos fuese el de seguir con vida. Y así lo hicieron. Aunque, en honor a la verdad, hay que decir que los no combatientes sufrieron en extremo, y mucha, mucha gente murió. En la actualidad, no obstante, los médicos coinciden en que nadie debería haber salido vivo de aquel desierto.

Conclusiones y alegatos

Alejandro redefinió la realidad del ejército mediante un simple gesto simbólico y unas cuantas palabras bien escogidas, cambiando así su destino de «moriréis» a «tenéis que vivir». ¿Por qué no vas a poder hacerlo tú?

Lecciones de liderazgo

Para entender del todo el impacto de lo que hizo Alejandro, es útil recrear un incidente que tuvo lugar más de 2,000 años después. Durante la Segunda Guerra Mundial, Gran Bretaña tenía tan pocos marineros que la flota de la marina mercante dependía, básicamente, de aquellos hombres que no eran llamados al servicio militar activo. Esto se traducía en que la flota estaba compuesta por hombres mayores, de cincuenta y cinco a setenta años, y por chicos, algunos de tan solo quince o dieciséis años según los archivos. Y, claro está, la flota alemana de submarinos hundió un número espantoso de barcos mercantes, especialmente al inicio de la guerra. Muchos marineros sobrevivieron al torpedeo de los barcos escapando en botes salvavidas. Algunos fueron rescatados de inmediato, pero otros muchos languidecieron durante semanas en alta mar con muy poca comida y agua potable. La previsión evidente era que los hombres mayores murieran de frío y que los jóvenes (chicos, realmente) sobrevivieran.

Después de todo, estos últimos estaban en el momento de mayor apogeo físico de sus vidas, y los mayores, por decirlo de forma educada, ya lo habían pasado.

Ocurrió exactamente lo contrario. Los jóvenes tendían a sucumbir y los mayores sobrevivían. ¿Por qué? Pues bien, el hombre que más tarde llegaría a convertirse en el fundador de Outward Bound investigó este fenómeno después de la guerra y descubrió un patrón. Por ejemplo, una persona que se prive voluntariamente de comida puede vivir el doble de tiempo que alguien que se ve forzado a estar sin ella. De forma similar, puedes escoger pasar sin agua varios días, pero si te privan de ella, mueres con mayor rapidez. Los hombres mayores sobrevivieron porque tenían razones para vivir (un jardín que acabar, una esposa a la que ver y nietos a los que ayudar a criar), mientras que los más jóvenes tenían menos factores que les animaran a regresar con vida. Los deseos firmes fueron más decisivos que los cuerpos fuertes. Este fue el principio que inspiró la creación de Outward Bound. Sin embargo, más de dos mil años antes, Alejandro condujo a sus tropas fuera del desierto basándose en este mismo principio.

La percepción *es* la batalla cognitiva. Los símbolos son una herramienta esencial para manipular la percepción. Los símbolos pueden ganar una batalla. Son el instrumento perceptible más importante de un líder. Con ellos, puedes cambiar el mundo.

Por supuesto, analizas cuidadosamente los símbolos que empleas de manera consciente. Pero, ¿te das cuenta de los símbolos que empleas sin querer? En una ocasión traté un pequeño negocio familiar en el que el equipo de dirección se reunía en un despacho espléndido, con alfombra y aire acondicionado, mientras sus trabajadores por horas se asfixiaban en la tienda sin tener siquiera un ventilador para refrescarse. Cualquier intento de pedir concesiones al sindicato estaba condenado al fracaso en aquel ambiente tan simbólicamente cargado.

Gandhi fue más eficaz en el empleo de los símbolos que prácticamente cualquier líder contemporáneo. Por ejemplo, lideró la Marcha de la Sal y durante la ruta, caminando día tras día, fue recogiendo seguidores hasta llegar a su destino con una audiencia de varios miles de personas. A continuación, tomó agua del océano, la hirvió, puso la sal extraída en una bolsa de papel y la subastó. Cuando se completó la transacción, Gandhi y el mejor postor fueron arrestados por las autoridades británicas y encarcelados por haber violado el monopolio británico de la obtención y venta de sal. Este suceso, un acontecimiento simbólico de tremendo impacto, fue el inicio del intento fallido por ocupar de forma no violenta las Salinas de Dharasana, que se saldó con cientos de pacifistas indios golpeados por guardias armados mientras los «sitiadores» no levantaban ni una mano. Fue el fin de la usurpación moral por parte de Europa en la India. La expulsión de los británicos se consiguió simbólicamente.

Ideas concluyentes sobre la proyección de símbolos

Los líderes están envueltos en la tarea de influir sobre las percepciones: las de los empleados, de los informes directos, de sus superiores, de la junta directiva, de los inversores, de los accionistas, de las comunidades, de los medios de comunicación, del cliente, del sindicato y de todos los demás. La forma más eficaz de crear una nueva percepción es mediante una meticulosa aplicación de símbolos. Empleamos símbolos cotidianos casi todo el tiempo sin pensar siquiera en ellos. Pero los mejores líderes entienden el papel de los símbolos a la hora de promulgar realidades distintas de lo que los demás creen.

Alejandro proporciona una plétora de ideas sobre las capacidades de los símbolos:

- La destrucción total puede reflejar un nuevo poder (obliteración de la ciudad sobre la colina en Turquía).

- Confía en la gente, a veces (ingesta de veneno en Tarso).

- Vigila a los administradores (tratando con ejecutivos desleales a su regreso del este).

- Lidera desde el frente, es decir, da ejemplo (en todas partes; continuamente).

- Corta el nudo (uso de las relaciones públicas después de haber cortado el nudo gordiano).

- Envía a casa las corazas tomadas y devuelve a los mercenarios engrillados y esclavizados (no dejes que los actos simbólicos se pierdan en tu campamento base).

- Duerme profundamente (piensa, no te preocupes).

- Aplaca simbólicamente la cólera de los dioses locales (presta atención a las creencias locales apropiadas).

- Utiliza símbolos para manipular la percepción (es decir, derrama el agua).

El poder de los símbolos está tan infravalorado que los líderes que adopten un adecuado uso de los mismos comprobarán que superan estratégicamente al resto. Está empíricamente comprobado que los observadores atribuyen erróneamente la acción a los titulares de los cargos. Por ejemplo, *The New York Times* publicó la siguiente afirmación en portada: «Reagan reforma el código tributario». Esto es evidentemente falso. En realidad, cientos de personas trabajaron en la reforma durante décadas, dirigidos por unos cuantos senadores y miembros del Congreso clave junto a sus plantillas clave, que no tenían ni idea de qué partido estaría en el poder cuando completaran su labor. Por lo tanto, redactaron una reforma del código tributario que, desde el punto de vista político, era relativamente neutral. Atribuir el mérito de esta acción a Reagan es una farsa. Sin embargo, el presidente Reagan era muy bueno manipulando los símbolos del cargo y sacó partido de todos los beneficios (y méritos) de la reforma. Puesto que los observadores llevan a cabo atribuciones inapropiadas, los líderes pueden influir sistemáticamente en sus percepciones, y no hay mejor forma de hacerlo que mediante el uso de símbolos. Comparemos el uso de la calefacción y del aire acondicionado en la Casa Blanca. A Nixon le gustaba que las habitaciones estuvieran más frías en verano para poder disfrutar de la chimenea. Carter se ponía un jersey y programaba el termostato más frío en invierno, frente a millones de televidentes, para pedir a los estadounidenses que usaran menos petróleo importado durante el embargo. La aplicación de Carter fue impecable.

Todos conocemos a compañeros que se pavonean atribuyéndose los méritos del trabajo de otros, alardeando de lo maravillosos que son y, generalmente, obstruyendo los canales de comunicación haciéndose oír, especialmente en las reuniones, para insinuar lo indispensables que resultan. Normalmente, a esa gente se le desenmascara y se acaba descubriendo lo que son. Abogo por que aprendas a usar el simbolismo, no a abusar de él.

CAPÍTULO 5

Ideas concluyentes sobre liderazgo

E l liderazgo es un arte. Hay algo de ciencia detrás de él, pero su maestría marca la diferencia entre un buen líder y un gran líder. Tu curiosidad te ha llevado a una búsqueda que implica a un artista del liderazgo: Alejandro Magno. Has extraído muchas lecciones de esta lectura y aplicarás algunas de ellas con decisión, otras con tacto, pero otras de forma reprobable. Como artista, no te rendirás, sino que aprenderás de tus errores.

Mantengo que este enfoque procesado del liderazgo es poderoso. He ofrecido cuatro procesos que ayudan a que este poder sea accesible a profesionales como tú. Ahora que hemos completado el recorrido histórico, vamos a revisar estos procesos y a obtener una mejor perspectiva acerca de su aplicación.

1. *La reformulación de problemas es una herramienta cognitiva que puede cambiar al mundo.* Por ejemplo, nuestra política exterior viene determinada en gran medida por la dependencia del petróleo extranjero por parte de la economía estadounidense. Tras el 11 de septiembre, cualquier presidente habría obtenido el respaldo, casi con total seguridad, de la población civil para llevar a cabo los sacrificios necesarios para reformular el problema. Actualmente, es una cuestión de localización, extracción, transporte y procesamiento del crudo, y

de asegurar en todo momento cada paso sin importar de qué lugar del mundo se trate. Cualquier presidente podría reformular el asunto como una cuestión nacional: mayor eficacia del combustible, producción local, conservación y una conversión más rápida hacia una economía de hidrógeno, todo ello en nombre del patriotismo, algo que en Estados Unidos vendería muy bien. Piensa simplemente en las oportunidades simbólicas para embellecer la reformulación.

Un negocio taiwanés fabrica mobiliario de terraza a un precio económico y lo vende a todos los centros mayoristas de oportunidades como Kmart y Wal-Mart. Casi todos los fabricantes se encuentran en Taiwán y tienen sus fábricas cerca de Shanghái, en el continente. En estas condiciones, es básicamente imposible obtener una reducción de costes. Los márgenes de beneficio son escasos, los productos son prácticamente intercambiables y la participación en el mercado, en alza, es problemática. El ciclo de ventas es anual, con ferias comerciales que se celebran en Estados Unidos y en las que se firman los principales contratos para el año posterior. Un ejecutivo en Taiwán reformuló el problema en detrimento de todos sus competidores. Este hombre adelantó la integración vertical hasta los pigmentos (compró un proveedor). Resulta que más del ochenta por ciento del mobiliario de terraza de gama baja es blanco. El proveedor de pigmento ostentaba el monopsonio del color blanco en China. Una vez que se hizo con la fuente del pigmento, dejó de venderla a sus competidores en el momento justo, cuando era demasiado tarde para adquirir el suministro en cualquier otro lugar. Su compañía acabó dando un gran salto en el sector en Estados Unidos porque, claro está, fue capaz de atender sus pedidos y también la demanda extra. Puede que no sea un movimiento agradable, pero esta reformulación del problema cambió el mundo de los fabricantes de mobiliario de terraza en beneficio de este líder. La reformulación y el desplazamiento del problema (la adquisición del proveedor) funcionaron.

2. *Crear alianzas es un instrumento habitual en el kit de herramientas de un líder.* Las alianzas se pueden convertir en pulpos que trabajan para ti, creando un nuevo mundo en el que hacer negocio.

Por ejemplo, tropecé con un grupo de empresas que estaban estrechamente interrelacionadas. Un bufete de abogados se hacía cargo de las necesidades de un importante banco y, por supuesto, ese banco se encargaba de las necesidades bancarias del bufete y de casi todos los socios mayoritarios. Hasta aquí, perfecto. Los socios mayoritarios del bufete pasaban a puestos directivos de ese banco y a veces regresaban después a su labor de socios en el bufete de abogados. De nuevo, perfecto. El bufete también manejaba las necesidades legales de una gran compañía de seguros que, casualmente, proporcionaba los seguros necesarios tanto al banco como al bufete de abogados, que le correspondían con sus servicios. No sorprende demasiado. Pues bien, por casualidad, una misma firma auditaba las cuentas de estas tres empresas. ¿Y sabes qué? El bufete de abogados se encargaba de las gestiones legales de la auditoría. Una universidad local tenía relaciones con todas estas empresas, y todas ellas contrataban personal en la universidad. Interesante. Cada una de las organizaciones brindaba sus servicios al resto. Hay otras muchas conexiones intrincadas, en relación a los miembros de la junta por ejemplo, que no hace falta investigar. Ya te haces una idea. Todo es absolutamente legal; nada reduce la competencia; y, de hecho, todas las empresas estaban en las mejores circunstancias. En esta situación, los líderes de todas las organizaciones establecieron con sumo cuidado alianzas que proporcionaban amplios beneficios para todos. Aprende y utiliza el poder de crear alianzas.

3. *Establecer una identidad es fundamental para el liderazgo.* Según mi experiencia con líderes de alto nivel, estos prestan una atención inadecuada a la identidad cultural y corporativa. Las pruebas son evidentes: las organizaciones que tienen una cultura sólida superan a las que carecen de ella. Lanzo una pregunta retórica: «¿En cuántas organizaciones la cultura queda relegada al último lugar?» Las organizaciones que construyen de forma sistemática la identidad de sus empleados destacan. Eso es así tanto si fabricas coches, como si haces música sinfónica o invades países. A la gente le importa la identidad. La clave es que todos queremos formar parte de algo más grande

que nosotros mismos. Este sentido de pertenencia marca la diferencia entre un cantero que dice «corto piedras para ganarme la vida» y otro que afirma «estoy construyendo una catedral». El mismo trabajo, implicación totalmente distinta. Establece y crea identidad en el lugar de trabajo.

El otro aspecto de la identidad es la identidad propia, que merece su propio libro. Quién eres y en quién te conviertes son aspectos esenciales para ser un gran líder. Ambas cuestiones se prestan a la promulgación. Puedes actuar para cambiar quién eres y quién llegarás a ser mediante los cuatro procesos de liderazgo.

4. *La proyección de símbolos, el último proceso de liderazgo, es probablemente el que se usa de manera menos consciente y el más incomprendido de todos*. Permíteme que, de nuevo, reafirme mi advertencia: no te conviertas en un director simbólico abusando del poder de los símbolos. Todos descubrirán tu juego y te aislarán haciéndote incompetente. Por el contrario, aprende a usar el simbolismo de forma eficaz, lo que tal vez implique utilizarlo en contadas ocasiones. Estamos rodeados de símbolos todo el tiempo: nuestra vestimenta, nuestro corte de pelo, nuestros coches, nuestra oficina, nuestro escritorio, y lo más generalizado e importante, nuestras palabras. Los símbolos externos pueden ayudar a reforzar nuestras palabras. Juntos pueden cambiar nuestras organizaciones, la industria, la cadena de suministro, el cliente o incluso la economía.

Los símbolos son también interesantes porque pueden emplearse en los otros tres procesos de liderazgo. Por ejemplo, Alejandro utilizó el simbolismo de derramar el agua para reformular la situación de su ejército, que moría de deshidratación en el desierto. Se casó con la hija mayor del anterior rey para establecer una alianza. Cabalgaba a lomos de un enorme caballo negro y llevaba un casco y un penacho ostentosos con el fin de que sus tropas pudieran verlo liderando desde el frente, lo que estableció una parte de su identidad. En general, debes prestar atención al resultado representativo de los símbolos existentes y, a continuación, aprender a prever cómo utilizarlos para que surtan efecto.

Al final de la Segunda Guerra Mundial, el general Douglas MacArthur iba a recibir la rendición incondicional de los altos líderes militares y políticos japoneses. Su principal problema era cómo garantizar que la guerra había acabado realmente, que los japoneses renegados no continuarían la guerrilla en las cuatro islas más importantes de Japón.

Los japoneses creían que los estadounidenses eran poco más que bárbaros. Despreciaban a casi todos los extranjeros, y esa actitud no iba a facilitar la administración de Japón en la posguerra. MacArthur tuvo que averiguar la manera de transformar aquel desprecio en respeto. (Casualmente, después de que acabara la guerra, los historiadores descubrieron que la mayoría de los líderes japoneses creían que los estadounidenses no entendían a los nipones, a excepción de MacArthur. Él era su mayor miedo y ese miedo podía ser usado en beneficio de MacArthur.)

El general decidió aceptar la rendición a bordo del acorazado *Missouri* en el puerto de Tokio. Además, insistió en que sus oficiales superiores no llevaran armas. Sus consejeros se opusieron firmemente a esta decisión, señalando que un solo renegado japonés podía matar a MacArthur y a otros líderes. Sin embargo, MacArthur sabía que no llevar armas, demostrando simbólicamente la superioridad y la audacia americanas, tendría un efecto enorme sobre los japoneses. Tenía razón. Quedaron profundamente impresionados y así es cómo MacArthur comenzó a reformular el problema nipón.

MacArthur arguyó que Japón debía ser el mayor aliado de Estados Unidos dentro del cinturón del Pacífico, y emprendió el desarrollo de una constitución (él mismo escribió el primer borrador entero) que recrearía Japón como una democracia, delegando los poderes en el pueblo, lo que ayudaría a contrarrestar las tendencias militaristas naturales de las casas de comercio samurái que dominaron el periodo posterior a la era Meiji y que hicieron que Japón se viera envuelto en la Segunda Guerra Mundial. De esta forma, la constitución de MacArthur otorgó el sufragio universal a las mujeres (que antes habían sido extremadamente marginadas), legalizó los sindicatos laborales y creó un parlamento con dos cámaras y un primer ministro, basándose en el modelo británico. MacArthur administró el país durante la posguerra con una magnanimidad que rozaba el fanatismo y a él son atribuibles las imperecederas relaciones entre Estados Unidos y Japón.

Proyectar símbolos, crear alianzas, establecer la identidad y reformular problemas. Brillante.

CAPÍTULO 6

Ideas concluyentes sobre Alejandro

Tuve noticia de Alejandro Magno por primera vez, dejando a un lado los horribles libros de texto del instituto, cuando estuve atrapado en medio de un inusitado temporal de verano en las islas griegas, a principios de la década de 1980. Me quedé sin material de lectura y tropecé con una copia de segunda mano de Arriano, que leí por desesperación al principio y con un creciente asombro después. Hacía poco que había terminado tres cursos de posgrado en una universidad de la Liga Ivy, y estaba aprendiendo más acerca de liderazgo y estrategia con aquel libro que en todos mis años de educación superior. Quedé estupefacto ante la deficiencia de nuestro sistema educativo, y me prometí, a mi manera, cambiarlo. Este libro es el cumplimiento de aquella promesa. No puedo hacer justicia a Alejandro, pero sí mostrar una perspectiva general de algunas de las lecciones más significativas y dejarte a ti los detalles como una tarea asignada de por vida.

¿Quién fue aquel hombre? Verdaderamente, tenía en su haber títulos impresionantes: rey de Macedonia, faraón de Egipto, rey de reyes. Fundó numerosas ciudades, algunas de las cuales siguen prosperando. Llevó la idea de una monarquía al estilo griego a Asia, donde tres reinados que le sucedieron continuaron utilizándola y expandiéndola después de su muerte. Revolucionó el comercio con la introducción de la moneda y el establecimiento de un lenguaje común para los intercambios a larga distancia. De hecho, el comercio prosperó a lo largo y ancho de un continente donde antes existía principalmente el trueque. La cultura, la religión y el arte griegos se extendieron por lugares inmensos donde hasta entonces eran desconocidos. Hubo que modificar la arquitectura militar por la necesidad de resistir ante las torres de asedio que Alejandro introdujo en Asia. Y podríamos seguir. Tarn lo expresó sucintamente cuando afirmó que «fue una de las mayores fuerzas fertilizantes de la historia. Sacó al mundo civilizado de su guía y lo colocó en otra; inició una nueva época; ya nada podría volver a ser como antes».[1] En mi opinión, no exageraba.

Y concluyo con una disculpa. Llegó a ser conocido como Alejandro Magno, no como Alejandro el Perfecto o San Alejandro. Hizo cosas horribles a la gente, cometió terribles errores, pero cambió el mundo de forma irremediable. A pesar de sus defectos, ofrezco tres lecciones inconmensurables que nunca antes habían sido abordadas explícitamente: visión, dominio de los recursos humanos y magnanimidad.

Visión. La mayoría de los historiadores pasan parte del tiempo especulando sobre los motivos y las aspiraciones de Alejandro; no obstante, yo he evitado dicha especulación. Todos los grandes líderes que he conocido tienen una visión, algo así como una imagen deseable del futuro, casi un sueño. También sienten un impulso ardiente, una necesidad, una obsesión por ver que esa visión se hace realidad. No sabemos ni podemos conocer la visión de Alejandro. Pudo haber sido tan simple como la venganza por el asesinato de su padre. Pudo ser aun más grande de lo que consiguió. Lo que sí sabemos es que vaciló en el extremo oriental del imperio y no logró grandes resultados. Sabemos que sus tropas se «amotinaron» y frustraron sus sueños de llegar más lejos. También sabemos, por sus acciones, que era muy adelantado a su tiempo con respecto, por ejemplo, a la integración de culturas y a su opinión sobre las mujeres, un tema que no he tratado en este libro. Vio un futuro y una serie de oportunidades que nadie a su alrededor parecía compartir. Si hubiese vivido más tiempo, quizá ahora viviríamos en un mundo multiculturalmente más armonioso.

La cuestión es que, aunque no sepamos la que era, Alejandro tenía una visión. Sentía el instinto de verla hecha realidad. Estaba cambiando su mundo. Para liderar con éxito necesitas tener una visión y el instinto de conseguir que se haga realidad.

Dominio de los recursos humanos. Alejandro era un genio de los recursos humanos. Solo hay que ver su historial. Sabía los nombres de 10,000 soldados. Comía y dormía con ellos durante la campaña. Comía con moderación y prefería siempre dormir con frío. Lideró desde el frente y resultó herido en numerosas ocasiones al igual que sus soldados. Cuando la batalla concluía, dedicaba el tiempo a tratar las heridas de sus tropas porque había recibido formación como médico. Y lo hacía incluso cuando él mismo estaba herido. Solo cuando sufrió heridas importantes que le debilitaban, aceptó que lo trataran antes que a sus hombres. Después, se reunía con ellos y les animaba a hablar de las luchas heroicas que habían llevado a tales heridas fomentando, casi con total seguridad, la exageración. Por lo general, disuadía de la violación y alentaba al matrimonio. Pagó las dotes para que sus soldados pudieran casarse con las mujeres nacionales. Perdonó sus deudas. Compartió la riqueza adquirida del imperio con sus soldados, pero ellos la quemaron prestos cuando esta redujo la movilidad del ejército. Derramó el agua que sus hombres le habían brindado en el desierto y se comprometió a compartir su destino. Este tipo de actos reflejan grandeza. Alejandro no conquistó el Imperio Persa: lo hizo su ejército, bajo su liderazgo. Para ser un buen líder, necesitas grandes seguidores, fanáticos, en realidad. Los empleados son los primeros, porque son ellos los que harán que tu sueño se haga realidad.

Íntimamente ligado al dominio de los recursos humanos está el don que tenía Alejandro para entablar relaciones. Hay que reconocer que parte de su éxito estuvo vinculado a la época en la que vivió. Por ejemplo, tuvo varias esposas y era bisexual, pero estos aspectos culturales eran habituales entre los nobles griegos. No hay duda de que esta inclusión le confirió una perspectiva más tolerante hacia las culturas de los demás. Convirtió relaciones adolescentes en sociedades vitalicias. Sus Compañeros eran en realidad sus compañeros de clase con

Aristóteles, y juntos conquistaron el mundo. Es cierto que algunos resultaron ser desleales y fueron asesinados, pero formaban el mejor equipo. Las recompensas fueron magníficas: casi todos heredaron títulos, reinos, riqueza y fama tras la muerte de Alejandro. Alejandro se granjeó la amistad de la madre de su enemigo y esa relación perduró toda la vida. Se casó con «bárbaras», haciendo caso omiso a las advertencias de sus consejeros. Su mejor amigo de por vida fue Hefestión, Compañero y amante, que merece su propia biografía. La relación con su madre, dadas las extremas creencias religiosas de esta (afirmaba que Alejandro había sido concebido por un dios), era extraordinaria. Gran parte de su carácter lo heredó de ella. A diferencia de esta estupenda relación, la que mantuvo con su padre fue, por decirlo sutilmente, más inestable. Al principio, Alejandro era la alegría de su vida. A una edad muy temprana, se convirtió en general del magnífico ejército de Filipo, que reconoció la precocidad de su hijo con la frase: «Este reino no es lo suficientemente grande para los dos, ve y encuentra el tuyo». Sin embargo, más adelante, su padre blandió la espada contra él y lo desterró, destituyéndolo como heredero al trono.

Magnanimidad. Otro de los temas más controvertidos en la vida de Alejandro es el de la magnanimidad. La controversia viene dada porque unas veces era extremadamente cruel, llegando a límites insospechados, y otras, extremadamente magnánimo. Analizando con precisión los datos, se pueden extraer conclusiones muy distintas sobre su vida: monstruo o santo. Obviamente, ambas conclusiones tienen algo de verdad y ambas son erróneas. La información que refuerza la teoría del monstruo surge de Tebas, de la ciudad sobre la colina que fue arrasada, de Tiro, de Clito, de los malios y de todas las conspiraciones. Sus rasgos de santidad son más sutiles: su relación con los soldados, su compromiso con los Compañeros, Babilonia, todas las abluciones y ceremonias en los templos locales a lo largo de la campaña, el trato otorgado a las mujeres (excepto las violaciones en las colinas y los malios), sus esposas y amantes, la amistad con Sisigambis (madre de Darío), la veneración por su propia madre y cientos de otras pequeñas acciones. A pesar de que, a raíz de los ejemplos extraídos de la vida

de Alejandro, parezca lo contrario, profesionalmente (y tal vez inge-
nuamente) aconsejo magnanimidad en casi todas las situaciones. Sin
embargo, en ocasiones es necesario, o constituye un requisito laboral
indispensable, que el líder acabe, al menos simbólica y visiblemente,
con ciertas personas o causas. Esta es una lección difícil de enseñar,
pero necesaria. Su aplicación forma parte del arte del liderazgo.

Hablando ahora desde mi propia experiencia, no desde la de
Alejandro, tengo dos sugerencias que ofrecer: ten héroes y lee sobre
ellos, y aprende a contar historias.

Para crecer como líder, tienes que imitar a alguien. Para aprender
en el trabajo, especialmente de los propios errores, es necesario tener
un contexto para la lección. Los héroes como Alejandro proporcionan
ese contexto. Lo de animarte a leer historia parece muy trillado, pero lo
cierto es que ahí es donde la civilización guarda a sus mejores héroes.

Para terminar, estoy empezando a comprender que contar historias tiene un papel mucho más importante en el liderazgo de lo que
yo había imaginado antes en mi carrera. Esta comprensión aún no es
ampliamente compartida, pero sospecho que impregnará la literatura
de liderazgo en las próximas décadas. Contar historias no es más que
una variante de fantásticas habilidades comunicativas. Permite que un
líder guíe a una organización hacia la visión, hacia el sueño. En repetidas ocasiones, Alejandro pronunció discursos plagados de imaginería
más cercana a la ficción que a la realidad. Su habilidad de persuasión
era extraordinaria, a pesar del motín en la India. Si quieres cambiar el
mundo, será mejor que tengas una buena historia que contar.

APÉNDICE: UNA BREVE CRONOLOGÍA DE LA VIDA DE ALEJANDRO

A.C.	Sucesos destacados
359	Filipo II es rey de Macedonia.
356	Nace Alejandro, que más tarde es educado por Aristóteles.
336	Filipo es asesinado; Alejandro se convierte en rey. Alejandro consolida Grecia. Alejandro conquista la costa de Asia Menor.
334	Batalla de Gránico.
333	Batalla de Issos.
332	Asedio de Tiro. Alejandro entra y «libera» Egipto.
331	Batalla de Gaugamela.
330	Alejandro conquista Mesopotamia. Destrucción de Persépolis. El rey persa Darío III es asesinado. Alejandro inicia la conquista de Oriente Medio.

327   Alejandro invade la India.

326   Batalla del río Hidaspes.

324   Alejandro regresa a Susa y Babilonia.

323   Alejandro Magno muere.

BIBLIOGRAFÍA

Fuentes clásicas

Arriano. *The Campaigns of Alexander*, traducción al inglés Aubrey de Sélincourt. Harmondsworth, Inglaterra: Penguin, 1958. [Arriano. *Anábasis de Alejandro Magno*. Madrid: Gredos, 2002].

Curcio Rufo, Quinto. *Historia de Alejandro Magno*. Madrid: Gredos, 2001.

Diodoro, Sículo. *Alejandro Magno*. Madrid: Akal, 1986.

Plutarco. *Vida de Alejandro*. Madrid: Fondo de Cultura Económica de España S.L., 1998.

Fuentes académicas modernas

Adcock, F. E. *The Greek and Macedonian Art of War*. Berkeley, CA: University of California Press, 1957.

Bose, Partha. *Alexander the Great's Art of Strategy*. Nueva York: Gotham, 2003.

Bosworth, A. B. *Conquest and Empire*. Cambridge: Cambridge UP, 1988.

Dodge, Theodore Ayrault. *Alexander*. Boston: Houghton Mifflin, 1890.

Engels, Donald W. *Alexander the Great and the Logistics of the Macedonian Army*. Berkeley, CA: University of California Press, 1978.

Fildes, Alan y Joann Fletcher. *Alejandro Magno*. Barcelona: Blume, 2001.

Fox, Robin Lane. *Alejandro Magno: Conquistador del mundo*. Barcelona: Acantilado, 2009.

Fuller, J. F. C., *The Generalship of Alexander the Great*. New Brunswick, NJ: Rutgers University Press, 1960.

Green, Peter. *Alexander of Macedon, 356-323 B.C.* Berkeley, CA: University of California Press, 1991.

Grote, George. *A History of Greece*, Vol. X (edición facsímil). Nueva York: AMS Press, 1988.

Hammond, N. G. L. *El genio de Alejandro Magno.* Barcelona: Ediciones B, 2005.

Hanson, Victor Davis. *The Wars of the Ancient Greeks.* Londres: Cassell & Co, 1999.

Heckel, Waldemar. *The Wars of Alexander the Great, 336-323* B.C. Oxford: Osprey, 2002.

Marsden, E. W. *The Campaign of Gaugamela.* Liverpool: University Press, 1964.

O'Brien, John Maxwell. *Alexander the Great.* Londres: Routledge, 1992.

Rice, E. E. *Alexander the Great.* Phoenix Mill, Inglaterra: Sutton, 1997.

Savill, Agnes. *Alexander the Great and His Time.* Nueva York: Barnes & Noble, 1993.

Stoneman, Richard. *Alexander the Great.* Londres: Routledge, 1997.

Tarn, W. W. *Hellenistic Military and Naval Developments.* Chicago: Ares, 1930.

———. *Alexander the Great: Narrative.* Cambridge: Oxford UP, 1951.

———. *Alexander the Great: Sources and Studies.* Cambridge: Oxford UP, 1948.

Wilcken, Ulrich. *Alexander the Great.* Nueva York: W. W. Norton, 1967.

Fuentes «populares» modernas

Apostolou, Anna. *Muerte en Macedonia.* Barcelona: Salamandra, 1999.

Lamb, Harold. *Alejandro de Macedonia: El viaje al fin del mundo.* Sevilla: E. Espuela de Plata, 2010.

Renault, Mary. *Alejandro Magno*. Barcelona: Edhasa, 2004.

———. *El muchacho persa*. Barcelona: Grijalbo, 1989.

———. *Juegos funerarios*. Barcelona: Edhasa, 1983.

Warry, John. *Alejandro 334-323 A.C.: La conquista del Imperio Persa*. Madrid: Ed. Del Prado, 1994.

———. *Warfare in the Classical World*. Norman, OK: University of Oklahoma Press, 1995.

Wood, Michael. *In the Footsteps of Alexander the Great*. Berkeley, CA: University of California Press, 1997.

OTRAS LECTURAS

Si buscas lecturas adicionales, permíteme que me atreva a sugerir algunas recomendaciones. Además de los clásicos, que son gratificantes pero difíciles de leer, existen algunas opciones estupendas.

Si lo que deseas es una magnífica cronología histórica breve, no hay nada mejor que leer *Alexander the Great*, de E. E. Rice. Mi obra «académica» preferida (pongo esta palabra entre comillas porque el trabajo de Rice es una obra académica soberbia, pero no tan detallada como desearían la mayoría de los historiadores) es *Alejandro Magno*, de A. B. Bosworth. *Alejandro Magno: Hijo de los dioses*, de Alan Fildes y Joann Fletcher, publicada por el Museo Getty, una preciosa historia con abundantes ilustraciones. La mejor historia «moderna», a pesar de ser probablemente la más concisa, es *Alexander the Great: Narrative* de W. W. Tarn, aunque cuesta encontrarla.

NOTAS

Introducción

1. Aquellos lectores que quieran profundizar en los fundamentos teóricos de estos procesos, pueden consultar Lance B. Kurke y Margaret Brindle, "The Process of Enactment: Evidence from Alexander the Great", *Advances in Qualitative Organizational Research*, vol. 3. Amsterdam: John Wagner Ed./JAI, 2001, pp. 41-57.

Capítulo 1

1. John Maxwell O'Brien, *Alexander the Great* (Londres: Routledge, 1992), p. 160.

Capítulo 2

1. William Shakespeare, *El mercader de Venecia*, acto IV, escena 1.

2. E. E. Rice, *Alexander the Great* (Phoenix Mill, Inglaterra: Suttong Publishing, 1997), p. 86.

3. Arrian, *The Campaigns of Alexander*, traducción al inglés Aubrey de Sélincourt. Harmondsworth, Inglaterra: Penguin, 1958, pp. 292-295. [Arriano, *Anábasis de Alejandro Magno* (Madrid: Gredos, 2002)].

Capítulo 3

1. Arriano, *The Campaigns of Alexander*, Ibid.

2. Mary Renault investiga esta historia y los puntos de vista de las dos familias en su fantástico libro *El muchacho persa* (Barcelona: Grijalbo, 1976).

Capítulo 6

1. W. W. Tarn, *Alexander the Great: Sources and Studies* (Cambridge: Oxford UP, 1948), p. 145.

ÍNDICE

absorciones hostiles, 101
administradores, control de, 107-108, 127
adversidad, autoconocimiento a través
   de la, 73-75, 95
Afganistán, 23-24, 38, 87-88
agencias externas a la organización,
   19-21, 49
Alejandro Magno
   aceptación de la lealtad de
     lugartenientes sinceros, 93-94, 95
   actos posteriores a la victoria, 115-
     116, 127
   autoconocimiento en la adversidad,
     73-74, 95
   Bucéfalo, caballo de, 83, 87
   celebraciones locales y, 121-122, 127
   claridad de visión, 87-88, 95
   control de los administradores, 107-
     108, 127
   demanda de obediencia, 85-86, 95
   derrota de una armada en tierra,
     5-8
   desierto de Gedrosia, 87, 107, 123-
     124, 127
   destrucción total como símbolo,
     101-103, 127
   doma de caballo en la infancia, 83, 95
   dominio de los recursos humanos,
     137-138
   eliminar a los rivales, 71-72
   enfermedad en Tarso, 105-106, 127
   escribir para cambiar la realidad,
     89-91, 95
   Gaugamela, batalla de, 63-64, 67, 93
   Gránico, batalla de, 6, 37-38, 63, 93,
     115-116, 127
   héroes de, 77-78, 95
   homenaje a los predecesores, 81-82, 95
   impacto de, 135-139
   integración de mano de obra, 87-88, 95

Issos, batalla de, 6, 55, 63, 67, 89-90,
   93, 119-120, 127
liderar desde el frente, 109-110, 115,
   116-117, 127
magnanimidad de, 138-139
malios, batalla contra los, 109-110,
   127, 138
matrimonio con Barsine/Estatira,
   55-56, 57-58
matrimonio con Roxana, 58-60, 67
motín, 27-28, 29
movilidad, 23-24, 49
muerte de, 79-80, 95, 97
nudo gordiano, y el, 111-112, 127
Opis, «revuelta» en, 58-59
perseguir al enemigo, 37-38
plan sucesorio y, 45-46, 58-60, 71-72
planificación para la defunción,
   79-80, 95
problemas con el alcohol, 73, 79, 82
puestos fronterizos militares
   tácticos, 25-26
regreso a Babilonia, 107, 121-122,
   123-124, 127
regreso del exilio, 71-72
rey del Imperio Persa, 33-34, 37,
   58-60, 73-74, 85
río Hidaspes, batalla del, 11-16, 38,
   41-43, 53, 67, 81, 87, 109
roca de Aornos, ascenso de la, 33-34
Tebas, supresión de la revuelta en,
   19-21
Tiro, conquista de, 7-8, 45, 138
visión de, 136-137
America Online (AOL), 60
Antípatro, 45
Aornos, roca de, 33-34
Apple Computer, 120
aprovisionamiento de comida, 5-7, 37-38,
   124

Aristóteles, 71, 88, 138
Armstrong, Lance, 74
Arriano, 58, 79, 135
Atenas
    envío de corazas persas a, 116-117
    Liga de Corinto y, 19-20
autoconocimiento, a través de la
    adversidad, 73-75, 95

Babilonia, 107, 121-122
Bactria, 38, 57-59
Barnes & Noble, 60-61
Barsine/Estatira, 55, 58
Ben and Jerry's Homemade, 54, 122
Besius, 93
Bessos, 38
Blount, Winton, 30-31
bonificaciones, 27
Bucéfalo (caballo), 83, 87
Buda, 80

Caballos
    doma de, 83, 95
    elefantes y, 11-13, 41-43
caminar sobre el fuego, 34
Carter, Jimmy, 128
celebraciones, 121-122, 127
Ciro el Grande, 81
Cleopatra/Eurídice, 71-72
Clito, 73-74, 138
Coeno, 13
Compañeros, 63, 79, 83, 137-138
compensación, 24, 27
competición
    frustrar planes de, 39
    sucesión y, 71-72
compromiso, 55-56, 105-106, 127
concienciación medioambiental, 122
confianza, 29-31, 105-106, 127
«contratos blindados», 26
convenio de jubilación de los ejecutivos, 26
creación de alianzas, 1, 51-68, 137-138
    a través de la inserción multirracial,
        57-61, 67
    ideas concluyentes sobre, 67-68
    importancia de, 130-131

mediante la amistad con la familia
    del enemigo derrotado, 55-56, 67
mediante la ampliación del
    territorio del enemigo derrotado,
    53-54, 67
mediante la deconstrucción de la
    oposición, 63-65, 67

Darío III, 5, 23, 37-38, 55-56, 57-58, 63-64,
    73, 81, 119-120
    carta de Alejandro a, 89-91
    muerte de, 93-94
declaraciones de visión, 3-4, 87-88, 95, 97,
    136-137
deconstrucción de culturas, 64-65, 67
Departamento de Correos,
    reestructuración del, 30-31
desierto de Gedrosia, paso del, 87, 107,
    123-124, 127
despidos, 26, 58, 60-61
desplazamiento del problema, *véase
    también* reformulación de problemas,
    4, 49-50
diferencias culturales, 121-122
diferencias de sexo, 121
diferencias religiosas, 121-122
diligencia debida, 56
Diodoro, 45
dormir, como símbolo, 119-120, 127

Eastman Kodak, 17
Éfeso, 102
Eisner, Michael, 116
elefantes
    caballos y, 11-13, 41-43
    lealtad a los domadores, 13
    sarissas y, 13-14
engaño, 41-43, 49
errores, 73-75, 107-108, 139
esclavitud, 102
escribir, para cambiar la realidad, 89-91, 95
establecimiento de identidad, 1, 69-97
    autoconocimiento desde la
        adversidad y, 73-75, 95
    escritos sobre, 89-91
    héroes en, 77-78, 95

ideas concluyentes sobre, 95-97
identidad de la organización, 69,
    96-97, 131
identidad personal, 69, 71, 96-97, 131
importancia de, 131
lealtad de seguidores y, 93-94
planificación para la defunción,
    79-80, 95
primeros logros en, 83-84
signos de respeto y, 85-86, 95
sucesión y, 71-72
veneración por los predecesores en,
    81-82, 95
visión sobre, 87-88, 95
Estados Unidos
    dependencia del petróleo extranjero,
        128, 129-130
    final de la Segunda Guerra Mundial,
        133-13
Estatira/Barsine, 55-56, 58
Eurídice/Cleopatra, 71-72
Excalibur, 111

falsa sensación de seguridad, 41-43
fanatismo, 53-54, 106
Filipo de Acarnania, 105
Filipo II (padre), 19, 45, 71, 73, 138
Filotas, 29-30
Fuji Photo Film, 17
fusiones y adquisiciones, 26, 55-56, 57-61,
    64-65, 93-94, 121-122

Gandhi, Mahatma, 125-126
Gaugamela, batalla de, 63-64, 67, 93
General Electric (GE), 34-35
General Motors (GM), 64, 112
Gran Bretaña
    fin del dominio sobre la India,
        125-126
    marina mercante de la Segunda
        Guerra Mundial, 124-125
Gránico, batalla de, 5, 37-38, 63, 93, 115-
    116, 127
Grant, Ulysses, 74
Guerra de Troya, 117

Halicarnaso, 102
Hefestión, 79, 138
Heracles, 33
héroes, importancia de tener, 77-78, 95
Hidaspes, *véase* río Hidaspes
Hindu Kush, 38
Homero, 77-78
honestidad, 112

IBM, 120
identidad de la organización, *véase
    también* establecimiento de identidad,
    69, 96-97, 131
identidad personal, *véase también*
    establecimiento de identidad, 69,
    96-97, 131
identidad propia, 131-132
integración de culturas, 57-61, 87-88, 95
integración multirracial, 57-61, 67, 121-122
inversión de roles, 27-28
Issos, batalla de, 5, 55-56, 63, 67, 89-91,
    93, 119-120, 127

Japón
    compensación en, 24
    final de la Segunda Guerra Mundial,
        133-134
    jubilación anticipada, 26, 57-58, 61
Julio César, 5

Kmart, 130

lanzamiento del producto del
    competidor, arruinar el, 39
lealtad, 13-14, 29-31, 53-54, 55-56, 93-94
Leonard, Stew, 116-117
liderazgo
    desde el frente, 109-110, 115, 116-117,
        127
    desde la retaguardia, 24
Liga de Corinto, 19-21, 71, 116

MacArthur, Douglas, 133-134
malios, batalla con los, 109-110, 127, 138
Maquiavelismo, 94, 103
mercado de prueba de la competencia,

arruinar el, 39
Mileto, 102
modelos
    importancia de tener, 77-78
    liderar desde el frente, 109-110, 115,
        116, 127
monopsonio, 129-130
Moses, Robert, 103
motín, 27-31, 49
    cambio de papel para evitar, 27-28
    conspiración y, 29-30
movilidad, aumento de, 23-24, 49
muerte
    de Alejandro Magno, 79-80, 95, 97
    de Darío, 93-94
    previsión, 79-80, 95

narración de historias, 78, 139
Nerón, 80
Nike, 54
Nixon, Richard M., 30-31, 128
Notre Dame, 28
nudo gordiano, cortar el, 111-113, 127

O'Brien, John Maxwell, 16
objetivos, 49
Olimpia (madre), 71-72, 137-138
Opis, «revuelta» en, 58
Outward Bound, 125
Oxiartes, 57

Pakistán, 87
Parmenión, 29-30, 45
percepción
    manipulación de la, 123-126, 127
    realidad y, 111-113, 123-126
perseguir al enemigo, 37-39, 49
Persépolis, 93
Piedmont Airlines, 21
planificación sucesoria, 45-47, 57-60,
    71-72
Plutarco, 77
Polaroid, 43
Poros, 11-16, 41-43, 53-54, 67, 81
predecesores, rendir tributo a los,
    81-82, 95

programa de formación de oficiales del
    Cuerpo de Marines, 97, 110
promulgación, 1
    creación de alianzas, 1, 51-68,
        137-138
    establecimiento de identidad, 1,
        69-97, 131-132
    proyección de símbolos, 1, 99-128,
        132-133
    reformulación de problemas, 1, 3-50,
        129-145
proskynesis, 85-86
protocolo, 85-86, 95
proyección de símbolos, 99-128
    abuso del poder de los símbolos,
        132-133
    aplacar la ira de los dioses, 121-122, 127
    conseguir las cosas, 111-113, 127
    controlar a los administradores,
        107-108, 127
    cortar el nudo gordiano, 111-113, 127
    de confianza, 105-106, 127
    de creación de alianzas, 60
    destrucción total, 101-103, 127
    dormir antes de la batalla, 119-120, 127
    el poder de, 83-84
    ideas concluyentes sobre, 127-128
    importancia de, 24, 99, 132-133
    liderar desde el frente, 109-110, 115-
        117, 127
    logros tempranos como, 83-84, 95
    manipular las percepciones,
        123-126, 127
    para empleados y relaciones
        públicas, 115-117, 127
    recibimientos de veneración, 85-86, 95
Ptolomeo, 79-80
puestos fronterizos militares tácticos,
    25-26

Queronea, batalla de, 19

Reagan, Ronald, 128
realidad, percepción y, 111-113, 124-126
reciprocidad, véase creación de alianzas
recorte de plantilla, 26, 57-58, 60-61

reestructuración, 26, 58, 60-61
reformulación de problemas, 1, 3-50
    al conquistar una fortaleza
        inexpugnable, 33-35
    aumento de la movilidad, 23-24, 49
    barreras a la, 50
    coreografiando batallas, 11-17, 49
    dando seguridad, 25-26, 49
    desplazamiento del problema y, 4,
        49-50
    ideas concluyentes sobre, 49-50
    importancia de, 129-130
    mediante la acción sin organización,
        45-47, 49
    mediante la adaptación de
        tecnología simple, 13-16, 49
    persiguiendo al enemigo, 37-39, 49
    proyección de símbolos en, 101-103,
        127
    redefiniendo el motín, 27-31, 49
    resolviendo problemas «imposibles»,
        5-10
    sin destruir a los enemigos, 19-21, 49
    usando agentes externos a la
        organización, 19-21, 49
    usando el engaño, 41-43, 49
    usando la fuerza del enemigo en su
        contra, 11-17, 49
relación con los empleados, 116-117, 137-138
relaciones públicas, 111-113, 116-117,
    124-126
respeto
    demanda de obediencia y, 85-86, 95
    lealtad de lugartenientes sinceros,
        93-94, 96
    por los predecesores, 81-82, 95
    por parte de líderes derrotados,
        89-91, 132-134
río Hidaspes
    batalla del, 11-16, 38, 67, 87
    paso del, 41-43
    repercusiones de la batalla, 53-54,
        67, 81, 109
roca de Aornos, ascenso de la, 33-34
roca de Sogdiana, 57
Rockefeller, John D., 64-65

Roosevelt, Franklin D., 74
Roxana, 57-60, 67
Rubbermaid, 46-47
rumores, 105, 119-120, 127

Salinas de Dharasana, 126
sarissas, 13-14
sátrapas, 37-38, 107
Segunda Guerra Mundial, 124-125, 133-134
seguridad
    creación de, 25-26, 49
    falsa sensación de, 41-43
Servicio Postal de Estados Unidos, 30-31
Shakespeare, William, 149
Sisigambis, 55-56, 138
Sogdiana, 38
Sogdiana, roca de, 57
sogdiano, 15
Standard Oil, 64-65
Starbucks, 60-61
suministro de agua potable, 6-8, 123-125,
    132
suministro de agua, 6-8, 123-125, 132
Sun Tzu, 39, 43

táctica de destrucción total, 101-103, 127
Tarn, W. W., 136
Tarsos, enfermedad en, 105-106, 127
Tebas, supresión de la revuelta en, 19-21
Time Warner, 60-61
Tiro, 7-8, 45, 138
traición, 29-30
Turquía, 56, 101, 111

U.S. Steel, 9-10
Unilever, 122
Unión Soviética, antigua, 25
Universidad Duquesne, 28
US Airways, 21-22

valentía de convicciones, 105-106, 127
veneración, saludos de, 85-86, 95
vénetos, 5

Wal-Mart, 130
Welch, Jack, 34-35